La crypto-monnaie Bible 2021-2022

Guide ultime pour gagner de l'argent ; maximiser les profits en crypto avec des conseils d'investissement et des stratégies de trading
(Bitcoin, Ethereum, Ripple, Cardano, Chainlink, Dogecoin & Altcoins)

Edition 3.0

EDITIONS STELLAR MOON

Avis de non-responsabilité

1

Les crypto-monnaies en 2021 et 2022

Le trading de crypto pour les débutants devient de plus en plus populaire. Vous voyez, chaque jour, il y a plus de gens qui commencent avec le crypto trading. Et ce n'est pas étrange, car il y a beaucoup de profits à faire. Cependant, bien sûr, vous devez faire beaucoup pour cela. Vous ne pouvez pas devenir grand avec le crypto trading sans certaines connaissances. C'est pourquoi, dans ce livre, nous vous expliquons exactement ce que vous devez savoir si vous êtes encore un débutant et que vous voulez vous lancer dans le crypto trading.

Qu'est-ce que le trading de crypto ?
Lorsque vous souhaitez investir votre argent, vous pouvez le faire de différentes manières. Vous pouvez choisir de l'investir dans des actions, ou par exemple en pratiquant le trading sur le Forex. Cependant, de plus en plus de traders choisissent d'investir leur argent dans autre chose que le Forex ou les actions. En effet, investir dans les crypto-monnaies est de plus en plus populaire.

Le trading de crypto-monnaies consiste à négocier des crypto-monnaies. L'objectif est d'acheter une crypto-monnaie pour un montant faible, puis de la revendre pour un montant plus élevé. Le trading de crypto-monnaies devient de plus en plus populaire non seulement chez les jeunes, mais aussi chez les traders qui n'investiraient normalement que dans des actions.

Avant de pouvoir faire du crypto trade avec succès, il est important d'apprendre comment fonctionne le monde de la crypto. Pour ce faire, vous pouvez suivre une formation en crypto ou lire nos conseils pour les débutants. Il est important de savoir qu'il s'agit bien sûr de conseils, et que nous ne pouvons pas garantir que vous gagnerez réellement de l'argent avec eux.

Pièces et jetons cryptographiques

Il existe à la fois des crypto-monnaies et des jetons. Cependant, il existe une grande différence entre ces deux concepts. Une crypto-monnaie est en fait une pièce de monnaie qui fonctionne sur sa propre blockchain. Par exemple, la crypto monnaie d'Ethereum est l'Ether (ETH), et la crypto monnaie de la blockchain Bitcoin est le Bitcoin (BTC). Une blockchain ne peut représenter qu'une seule crypto-monnaie.

Cependant, plusieurs jetons peuvent fonctionner sur une blockchain. Un jeton est quelque chose qui utilise la technologie d'une autre blockchain. Par exemple, il existe des jetons qui fonctionnent sur la blockchain d'Ethereum.

Les différentes crypto-monnaies

Il existe différents types de crypto-monnaies. Bien sûr, le bitcoin (BTC) est à la fois la première et la plus connue des crypto-monnaies. Cependant, il existe bien d'autres pièces que le seul bitcoin, que l'on appelle les altcoins (pièces alternatives).

Les altcoins les plus connus sont Ethereum (ETH), Dogecoin (DOGE), Solana (SOL), Ripple (XRP) et bien sûr Cardano (ADA). Lorsque vous êtes un débutant, il est important que vous sachiez dans quelle crypto-monnaie vous pouvez trader. Par conséquent, faites beaucoup de recherches sur les crypto-monnaies qui sont disponibles. Sur CoinMarketcap, vous pouvez trouver toutes sortes d'informations telles que le prix du bitcoin (BTC) et des alt coins.

Le dernier crash du bitcoin

Cela ne peut avoir échappé à personne : Le bitcoin a pris des coups durs. Comme tout marché financier, le commerce du bitcoin est dirigé par l'émotion.

Ou plutôt, les investisseurs en crypto-monnaies sont guidés par l'émotion et les récents tweets d'Elon Musk provoquent beaucoup de FUD ("Fear, Uncertainty, Doubt"). De manière totalement inattendue, il a attaqué le bitcoin sur la consommation d'énergie fossile et l'empreinte carbone.

Malgré le fait que cette histoire a été démentie de nombreuses fois, les gens sont très sensibles à cela, et quand une si grande célébrité crie quelque chose, la plupart des gens le croient immédiatement et la peur se rassemble autour. Qu'est-ce que cela signifie pour le prix du bitcoin et des autres crypto-monnaies ?

Stellar Moon Publishing a compilé ce livre pour offrir un aperçu des meilleures astuces et stratégies de trading pour 2021. Ce livre a été écrit par un groupe d'experts en crypto-monnaies. Avec ce livre, nous nous efforçons de vous fournir les meilleures informations sur le trading et les investissements en crypto-monnaies.

Alors que le prix du bitcoin était récemment en train de rebondir, la peur s'est installée et la déflation a été importante. L'avantage, c'est que les vrais niveaux de support solides se détachent désormais. Malgré toute la panique : la barrière des 30 000 dollars ne semble pas devoir être franchie de sitôt. Même Elon ne pourra pas la faire tomber aussi bas !

Après cela, le bitcoin s'est fortement redressé, soutenu par de nombreuses nouvelles positives. Nous allons vous donner un bref aperçu de ces nouvelles et de leur influence sur l'avenir du bitcoin et des crypto-monnaies.

Plus de prévisions pour l'avenir

Le stratège boursier Tom Lee du gestionnaire d'actifs Fundstrat continue de croire à la résurrection du bitcoin. Dans une analyse publiée lundi, M. Lee indique que la principale crypto-monnaie pourrait établir de nouveaux records si le marché boursier prend la tête du mouvement avec un nouveau rallye boursier.

Lee maintient sa prévision selon laquelle le bitcoin pourrait atteindre un niveau de 125 000 dollars cette année. Mercredi, le bitcoin a atteint le niveau de 37 000 dollars.

À la mi-avril, le bitcoin a atteint un niveau record d'environ 65 000 dollars. Puis la crypto-monnaie est retombée juste au-dessus de 30 000 dollars en mai.

Lee pense que le bitcoin est en train de "toucher le fond". Il en déduit notamment que le cours du bitcoin ne réagit pratiquement plus à la couverture médiatique négative.

Sur le marché boursier, les indices boursiers tels que l'indice large S&P 500 et l'indice Dow Jones tournent autour des récents niveaux record. "Si le S&P 500 atteint un nouveau record historique, il est évident que les crypto-actions chercheront également à atteindre de nouveaux records", déclare Lee.

À cela, Lee ajoute dans son analyse que les nouveaux records des principaux indices boursiers ne signifient pas que le bitcoin va immédiatement atteindre l'ancien

7

niveau record. Une "consolidation" entre 35 000 et 60 000 dollars est alors initialement probable, écrit Lee.

"Nous verrons le bitcoin passer au-dessus de 125 000 dollars avant la fin de l'année, mais nous restons quelque peu prudents à court terme. Une fois que le bitcoin aura dépassé les 40 000 dollars, cela confirmera la thèse selon laquelle le niveau de 30 000 dollars a été le plancher en 2021", conclut M. Lee.

Deux fois plus d'investisseurs en bitcoins en 2021
Selon Crypto.com, il y avait 106 millions d'utilisateurs/propriétaires de crypto-monnaies au début de cette année. Cela correspond à une recherche antérieure de l'Université de Cambridge, qui a estimé le nombre d'utilisateurs de crypto-monnaies à 101 millions après le troisième trimestre de 2020, contre seulement 35 millions d'utilisateurs en 2018.

Au cours de l'année 2021, les crypto-monnaies gagnent considérablement en popularité. Le nombre d'utilisateurs a depuis doublé pour atteindre 221 millions en juin, indique Crypto.com. Selon la plateforme, différents facteurs ont effectivement joué un rôle dans les premiers mois du premier semestre par rapport au second :

En janvier et février, c'est principalement le bitcoin qui a stimulé l'adoption des crypto-monnaies dans le monde. L'Ethereum (ether) est confirmé dans l'enquête comme le numéro deux incontestable, bien qu'à une distance considérable du Bitcoin.

Au printemps, ce sont surtout les altcoins, les petites monnaies alternatives comme le Dogecoin, qui ont décollé. En conséquence, la part de marché du bitcoin a chuté de 67 % en janvier à 51 % à la fin du mois de juin. "Les événements qui ont probablement stimulé l'acceptation des crypto-monnaies sont l'acceptation massive par les institutions et la facilité croissante des transactions en crypto-monnaies, ainsi que l'effet de célébrité d'Elon Musk", écrit Crypto.com.

Table des matières

Votre livre GRATUIT

Si vous voulez faire un début profitable dans le monde des crypto-monnaies, assurez-vous de télécharger notre bonus gratuit avec **12 conseils extrêmement précieux pour les débutants !**

Avec ce livre et ces conseils, vous êtes assuré de prendre un bon départ dans vos futurs investissements !

Inscrivez-vous ici pour obtenir un accès instantané et lancer votre succès en crypto :

https://campsite.bio/stellarmoonpublishing

ESSENTIAL
TRADING TIPS
2021-2022
12 VALUABLE
TRADING TIPS
FOR BEGINNERS
Stellar Moon Publishing

Notre cours Crypto Expert Trading

Vous cherchez une nouvelle façon d'investir ?

Vous cherchez à gagner de l'argent ?

Vous souhaitez investir mais ne savez pas par où commencer ?

Vous voulez commencer votre trading de crypto avec les connaissances d'experts réputés en finance et en investissement ?

Le cours Expert Trading crypto est le cours le plus complet sur le trading et l'investissement avec les crypto-monnaies. Vous apprendrez à trader en seulement quelques minutes par jour. Nous vous enseignons tout, de l'analyse technique à la gestion des risques, et bien plus encore.

Notre objectif est de vous aider à devenir un trader performant afin d'assurer votre avenir financier.

Investir n'a jamais été aussi facile grâce à notre plan d'action étape par étape qui enseigne aux débutants comment trader comme un expert - avec la possibilité de réaliser d'énormes profits !

La meilleure partie de ce cours est enseignée par des experts. Alors, qu'attendez-vous ? Commencez dès aujourd'hui !

Pour plus d'informations, consultez ce lien :

https://payhip.com/b/ork8N

Nos livres

Consultez notre autre livre pour en savoir plus sur les NFT, le trading et la vente de NFT, comment faire des bénéfices et les conseils et stratégies essentiels pour un démarrage sans faille dans l'univers des NFT.

Rejoignez le cercle exclusif d'édition Stellar Moon, vous obtiendrez un accès instantané à **12 astuces Crypto extrêmement précieuses** !

En outre, vous bénéficierez d'un accès instantané à notre liste de diffusion avec des mises à jour de nos experts chaque semaine !

Inscrivez-vous ici dès aujourd'hui :

17

L'avenir du bitcoin en 2021

Le bitcoin grimpe à 115 000 dollars en août 2021, selon Pantera

Le fondateur et PDG de Pantera Capital, Dan Morehead, maintient ses prévisions incroyablement positives pour le bitcoin en 2021. Il affirme que le bitcoin est toujours en bonne voie pour atteindre 115 000 dollars en août de cette année.

Prévision du stock à l'écoulement

Dans la version de janvier de l'envoi Blockchain de Pantera, Morehead écrit que les mouvements du prix du bitcoin, bien que retardés d'une semaine, se déroulent exactement comme prévu sur la base de la prévision stock-flux publiée l'année dernière.

Le bitcoin est en droite ligne avec les prévisions que nous avons partagées dans notre mailing d'avril. Notre analyse était basée sur la comparaison de la baisse de l'offre/du flux de bitcoins par rapport au stock en circulation au moment de chaque division en deux, et de l'impact ultérieur sur le prix.''

Rattrapage du bitcoin

Selon les prédictions de Pantera, le prix du bitcoin accusait un retard de pas moins de 15 semaines en juillet 2020. En décembre, le bitcoin a commencé à rattraper les prédictions de Pantera et à la mi-janvier, la principale crypto-monnaie a atteint le neuvième jalon des prévisions de Pantera après avoir grimpé à 38 000

$. Si le prix du bitcoin continue de suivre ses prédictions, la monnaie atteindra 45 268 dollars le 15 février.

Impact de la réduction de moitié
Les prédictions du fonds d'investissement sont basées sur le cycle de division par deux du bitcoin. Morehead explique qu'historiquement, le prix du bitcoin augmente toujours après chaque division en deux. Les moitiés ont lieu tous les quatre ans.

Après la première réduction de moitié en 2012, l'offre de bitcoins a diminué d'un peu plus de 15 % sur une période de 446 jours, tandis que les récompenses par bloc ont été réduites de moitié, passant de 50 à 25 BTC. Par la suite, le monde entier a assisté à une augmentation de 9 212 % du prix du bitcoin. Après la réduction de moitié en 2016, le bitcoin a augmenté de 2 910 %.

Si le bitcoin suit la trajectoire prédite par Pantera, Morehead prévoit que la crypto-monnaie atteindra un pic en août 2021 avec une valeur de 115 212 dollars. Cela représente une augmentation de plus de 1 091 % après avoir été divisée par deux en mai 2020.

Chez stellar moon publishing, nous pensons qu'un nouveau sommet historique pour le bitcoin est possible cette année, mais qu'il est très peu probable que cela se produise avant la fin du mois d'août. C'est également à ce moment-là que ce livre sera probablement publié, nous verrons donc si la prédiction de Pantera est vraie.

Un fonds ETF Bitcoin en Europe ?

La société française Melanion Capital est la première partie en Europe à lancer un ETF bitcoin réglementé au niveau européen. Le fonds d'investissement basé à Paris a reçu l'autorisation des régulateurs français de lancer un ETF conforme à la norme européenne UCITS.

OPCVM est l'abréviation d'Organisme de placement collectif en valeurs mobilières (OPCVM) et désigne un cadre juridique conçu pour les fonds commerciaux au niveau européen. Les fonds qui répondent à la norme UCITS sont considérés comme les plus sûrs du continent et sont donc très demandés par les investisseurs. Il est donc particulièrement intéressant que Melanion propose un ETF bitcoin conforme à la norme UCITS.

Le fonds doit suivre un panier de 30 actions
Il est prévu que le nouveau fonds de Melanion suive un panier de jusqu'à 30 actions dans différents secteurs qui sont liés au bitcoin. Il faut penser ici aux mineurs de crypto-monnaies, mais aussi aux entreprises dites de blockchain. Qui, selon Melanion, présentent jusqu'à 90 % de corrélation avec le bitcoin et suivent donc largement le cours de la crypto-monnaie la plus dominante.

"Je n'ai pas encore vu de fonds sous l'égide des OPCVM qui se concentrent entièrement sur les actifs numériques", a déclaré au Financial Times l'avocat Winston Penhall de Keystone Law à Londres. La façon dont les législateurs considèrent le bitcoin et les autres crypto-monnaies est encore floue dans de nombreux cas, selon Penhall, a-t-il ajouté à ses déclarations.

Les fonds OPCVM vendus en Europe sont aussi généralement populaires en Asie et en Amérique latine. Au niveau mondial, ils sont considérés comme la référence en matière de réglementation des fonds. La majorité des fonds européens adhèrent à la norme OPCVM, qui offre un haut niveau de protection aux investisseurs. Cependant, ces normes ont été créées il y a 30 ans et le bitcoin et les autres crypto-monnaies n'ont évidemment pas été pris en compte lors de leur rédaction.

Les règles ne sont pas encore en place pour inclure le bitcoin dans un fonds
En conséquence, la plupart des législateurs nationaux interprètent les règles OPCVM comme signifiant que les actifs numériques comme le bitcoin ne peuvent pas être directement inclus dans un fonds. Cela rend pratiquement impossible le lancement d'un fonds OPCVM qui investit principalement dans le bitcoin. "La plupart des portes de la finance traditionnelle se ferment sur le bitcoin. L'ETF était un énorme défi en raison des sensibilités et des politiques entourant le bitcoin et l'investissement en bitcoin", a déclaré Jad Comair, PDG de Melanion.

Par conséquent, Melanion utilisera l'ETF bitcoin pour investir principalement dans des mineurs tels que Argo

Blockchain et Riot Blockchain. En outre, la société d'investissement Galaxy Digital de Mike Novogratz peut s'attendre à des investissements et le courtier Voyager Digital est également sur la liste. Les actions sont considérées en fonction de la sensibilité qu'elles montrent au bitcoin. Plus la corrélation est élevée, plus elles ont de chances d'être incluses.

Il existe déjà plusieurs produits financiers qui suivent le cours du bitcoin, comme l'ETP Wisdom Bitcoin que vous pouvez acheter en Europe. Bien qu'il s'agisse d'un produit financier réglementé, il ne répond pas à la norme UCITS et ne peut pas porter le label recherché. Par conséquent, il est peu probable que de nombreux capitaux puissent être investis dans de tels produits d'investissement car ils offrent une protection suffisante aux investisseurs.

Bitcoin au Salvador et la Banque mondiale

La Banque mondiale a refusé d'aider le Salvador à intégrer le bitcoin dans son infrastructure financière, selon un rapport publié aujourd'hui par Reuters.

Le pays d'Amérique centrale est entré dans l'histoire la semaine dernière en adoptant une loi qui a fait du bitcoin une monnaie légale. Depuis lors, toutefois, diverses autorités, dont le FMI, ont jeté un froid sur cette idée.

La Banque mondiale ayant également évité le bitcoin, il est clair que les gouvernements mondiaux ne sont pas favorables à la liberté financière.

La Banque mondiale dit non au bitcoin
La Banque mondiale a déclaré qu'elle n'aiderait pas le Salvador à mettre en œuvre le bitcoin en raison des "déficiences en matière d'environnement et de transparence" de la principale crypto-monnaie.

Un porte-parole de la Banque mondiale a confirmé que l'organisation reste engagée à soutenir le Salvador de plusieurs manières pour la transparence et la réglementation des monnaies. Mais cette offre ne s'étend pas à l'aide à la mise en œuvre de Bitcoin.

"Bien que le gouvernement nous ait approchés pour obtenir de l'aide avec le bitcoin, ce n'est pas quelque chose que la Banque mondiale peut soutenir étant donné ses lacunes en matière d'environnement et de transparence", a déclaré le porte-parole.

La réponse est venue lorsque le ministre des finances du Salvador, Alejandro Zelaya, a contacté la Banque mondiale pour mettre en place le bitcoin comme monnaie parallèle au dollar.

Ni Zelaya ni ses collègues n'ont réagi publiquement à la décision de la Banque mondiale.

Cependant, plusieurs partisans éminents du bitcoin ont exprimé leur opinion sur la question. Anthony Pompliano a laissé entendre une motivation cynique en déclarant : "CORRECTION : La Banque mondiale n'a pas trouvé comment gagner de l'argent avec Bde ITCO. '

Max Keizer, fidèle à lui-même, a utilisé des injures pour exprimer son opinion sur la question. Il a même accusé la Banque mondiale de complicité dans l'inégalité financière.

La Banque mondiale est une organisation financière mondiale composée de 189 pays membres qui accordent des prêts et des subventions aux pays appauvris pour des projets d'investissement.

Il a deux objectifs : mettre fin à la pauvreté de manière durable et promouvoir une prospérité partagée.

Cependant, en 2006, une enquête de quatre mois menée par le Government Project a mis en évidence la corruption au sein de la Banque mondiale.

Le rapport estime que plus de 20 % des prêts qu'ils ont accordés, soit environ 4 milliards de dollars, ont été entachés de pratiques corrompues.

Les enquêteurs ont également découvert plusieurs autres problèmes au sein de l'organisation, notamment en ce qui concerne le retard des enquêtes internes. Par exemple, une structure qui décourage la dénonciation des pratiques de corruption en punissant les dénonciateurs.

Bien que ce rapport ait 15 ans, il met toujours en évidence le manque de responsabilité des organes intergouvernementaux de haut niveau.

Le bitcoin arrive en Uruguay ?

Il y a plus d'une chance que le Salvador ait un successeur en la personne de l'Uruguay en termes d'adoption du bitcoin comme monnaie légale. En effet, un sénateur uruguayen a présenté une loi qui convertirait les crypto-monnaies en monnaie légale dans le pays sud-américain.

La loi présentée mardi par le sénateur Juan Sartori vise à assurer la sécurité juridique, financière et fiscale de toute l'industrie entourant les crypto-monnaies en Uruguay. "Les actifs crypto seront reconnus et acceptés par la loi. En outre, ils seront reconnus comme monnaie légale", indique la proposition.

Les crypto-monnaies sont une opportunité pour l'économie
Après avoir présenté la loi, Juan Sartori a laissé échapper sur Twitter : "Les crypto-monnaies sont une opportunité pour attirer les investissements et créer des emplois." Ainsi, à l'instar du Salvador, l'Uruguay voit dans l'adoption du bitcoin une occasion de se mettre dans une meilleure position économique. Pour les pays dont la faiblesse de l'économie et de la monnaie nationale les oblige à choisir soit le dollar américain, soit le bitcoin, il peut certainement être intéressant d'essayer au moins une combinaison.

Le projet de loi stipule que toute personne physique ou société peut recevoir ou envoyer des crypto-monnaies comme monnaie légale. Aussi bien dans leur propre banque que chez les fournisseurs de services de crypto autorisés en Uruguay.

Si le projet de loi franchit la ligne d'arrivée, le gouvernement proposera une "licence initiale" qui devrait permettre aux entreprises de négocier des crypto-monnaies sur les bourses. Une deuxième licence devrait éventuellement permettre aux entreprises de détenir et de stocker des crypto-monnaies. Une troisième licence devrait permettre aux entreprises d'émettre leurs propres crypto-monnaies ou jetons. Ce que nous devons attendre de tout cela n'est pas encore tout à fait clair.

Quelle est la probabilité que le projet de loi soit adopté ?
Il s'agit plus souvent de politiciens aux projets fous qui utilisent un projet de loi pour générer de l'attention pour leur propre campagne. Souvent, ces personnalités disposent d'une minorité politique et n'ont pas le pouvoir de faire passer une proposition par toutes les portes nécessaires. Cependant, on ne peut pas en dire autant de Juan Sartori et de son Parti national.

En fait, la coalition à laquelle appartiennent M. Sartori et son Parti national dispose d'une majorité de 17 des 30 sièges du Sénat. La Coalición Multicolor, au fil de sa vie, a donc le pouvoir de faire aboutir le projet de loi. Il y a donc une chance que l'Uruguay devienne le deuxième pays après le Salvador à faire reconnaître le bitcoin comme monnaie légale.

Petit à petit, les pays situés à la périphérie du système financier commencent à reconnaître le potentiel de sauvetage économique que représente pour eux le bitcoin. Il est intéressant de noter que les pays n'ont pas besoin de faire le grand saut pour en bénéficier. Sans abandonner complètement le système conventionnel d'un seul coup, ils ont la possibilité d'expérimenter tranquillement le bitcoin pour voir ce qu'il fait pour l'économie. En tant que hodlers *(détenteurs de bitcoins à long terme)*, nous ne disons évidemment pas non à ce type de développement.

Bitcoin : une valeur supérieure à un million ?

Vaut-il mieux faire du trading ou du hodl ? Cette décision vous appartient entièrement. C'est pourquoi, dans cette analyse, il y en a pour tous les goûts. Nous commençons par le court terme, puis nous examinons la perspective à long terme du bitcoin, sur la base du travail de l'analyste Dave the Wave.

La moyenne se déplace dans le mauvais sens
Nous commencerons par le court terme, c'est-à-dire les bougies qui représentent une courte période de temps. Dans le graphique ci-dessous, chaque bougie représente 4 heures. La ligne verte est la moyenne mobile des 50 bougies, donc de 200 heures. Il s'agit d'une période relativement courte et c'est pourquoi cet indicateur est si important pour les jours à venir. Comme vous pouvez le voir ci-dessous, le prix du bitcoin danse sur cette corde raide depuis deux mois. À plusieurs reprises en juillet, cela s'est avéré être une résistance que le bitcoin n'a tout simplement pas pu dépasser, jusqu'au 21 juillet.

Le momentum a changé et le prix a violemment cassé la tendance à court terme. La 50MA (moyenne mobile) s'est transformée d'un monstre invincible en une zone de soutien. Entre-temps, la 50MA s'est transformée en une ligne de résistance à nouveau et pour que le bitcoin trouve son chemin vers le haut, la 50MA doit être cassée à court terme.

Le long terme de Dave la Vague

Il existe plusieurs modèles permettant d'évaluer l'évolution à long terme du prix du bitcoin. Les deux modèles de l'analyste néerlandais PlanB sont incroyablement populaires. Dave the Wave propose également un modèle intéressant, et son travail est souvent considéré comme la contrepartie de ce que PlanB a créé. La thèse de Dave est que le bitcoin suit son modèle de courbe de croissance logarithmique. La croissance logarithmique suggère des gains exponentiels au début qui diminuent lentement sur le long terme.

Selon lui, si le bitcoin vaut plus de 100 000 dollars en décembre de cette année, alors le modèle stock-flux reste valable et sa courbe de croissance logarithmique est invalide. Si le bitcoin n'atteint pas cet objectif en décembre, alors l'inverse s'applique évidemment. Dave poursuit en disant que le bitcoin est une monnaie émergente, mais que la voie du succès n'est pas toute tracée. Il prévoit des périodes de volatilité dans les deux sens, car de nouvelles personnes ajoutent des liquidités, mais en retirent également. Le bitcoin suit le chemin de l'or, qui a été capitalisé pendant des centaines, voire des milliers d'années. Le bitcoin a déjà atteint une capitalisation boursière de 1 000 milliards de dollars en seulement 12 ans.

Si le prix du bitcoin suit sa courbe de croissance logarithmique, on peut s'attendre à ce que le bitcoin atteigne un prix compris entre 500 000 et 1 million de dollars dans une dizaine d'années.

Explication de son modèle

Qu'est-ce que nous regardons ? Voici un graphique qui couvre la quasi-totalité de l'historique des prix du bitcoin, chaque bougie représentant 1 mois. La partie supérieure du graphique montre le prix et les lignes bleues inclinées montrent la tendance. Sur chaque cycle, Dave ajoute l'indicateur de Fibonacci, qui sont ces lignes fines et droites avec ces petits chiffres.

La séquence de Fibonacci est une série de nombres qui indique une progression naturelle. Commune dans la nature, elle est également utilisée dans de nombreux modèles mathématiques. L'analyse financière n'y échappe pas non plus. La série est très simple. Commencez par 0 et suivez avec 1, et encore, maintenant chaque nombre suivant est la somme des deux précédents. Par exemple : 0, 1, 1, 2, 3, 5, 8, 13, 21, et ainsi de suite.

Dans les cycles précédents, le plancher se trouvait au niveau de Fibonacci 0,618 et il doit être atteint avant que le bitcoin puisse penser à un nouveau sommet historique. Ce niveau n'est pas arbitraire, mais correspond au sommet du cycle précédent (20 mille dollars). Le bitcoin, selon ce modèle, descendra à ce niveau dans les prochains mois.

Dave utilise un autre indicateur pour renforcer ce modèle, à savoir le LMACD. Vous pouvez le voir au bas du graphique et il s'agit d'une version modifiée du MACD, qui peut donc également être utilisée sur une échelle logarithmique (d'où le L). L'abréviation signifie Moving Average Convergence Divergence. La convergence et la divergence sont des termes agréables pour dire "convergent" et "divergent".

La ligne bleue dans ce cas est la LMACD et la ligne orange est appelée la ligne de signal. La clé ici est donc de trouver les moments où la ligne LMACD et la ligne de signal divergent (divergence), ou convergent (convergence). Si la ligne LMACD plonge en dessous de la ligne de signal, Dave pense que cela indique que le sommet de ce cycle a été atteint et que c'est le bon moment pour vendre. À l'inverse, bien sûr, si la ligne LMACD bleue passe au-dessus de la ligne de signal orange, le creux a été atteint et le bitcoin peut s'attendre à une hausse de plusieurs mois.

Les moments où les deux lignes se croisent sont indiqués par un cercle noir.

Que pouvez-vous attendre du bitcoin ?
Le modèle de Dave the Wave prédit donc que le sommet de ce cycle a déjà été atteint et que le bitcoin va descendre à 20 000 dollars dans les prochains mois. Il est baissier à court terme, mais haussier à long terme.

Stratégie à long terme pour le bitcoin ?

Le bitcoin a donc connu une nouvelle flambée récemment et semble maintenant reprendre son souffle avec un prix supérieur à 35 000 dollars. Après des mois de consolidation, le bitcoin semble prêt pour une action de prix verte à nouveau. Il est grand temps de saisir les données de la blockchain pour voir comment le marché a réagi au premier mouvement de prix positif depuis des mois.

La première chose à regarder est le comportement de vente des hodlers *(détenteurs de bitcoins à long terme)*. Avec l'apparition de quelques chandeliers verts, ont-ils vu leur chance de prendre des bénéfices ou s'accrochent-ils à leur bitcoin ? En plus d'analyser le sentiment des hodlers *(détenteurs de bitcoins à long terme)*, nous nous plongeons également dans le nombre de bitcoins sur les principales places boursières, ce qui donne toujours une image intéressante.

Les hodlers sont-ils confiants dans l'avenir ?
Après une longue période de résultats médiocres pour le bitcoin, nous avons finalement grimpé comme une fusée la semaine dernière. La grande question, bien sûr, est de savoir comment ce rallye a été reçu par les bitcoiners chevronnés. Il semble que certains d'entre eux aient profité de cette tendance haussière pour prendre des bénéfices. En effet, plus de 1,5 milliard de dollars de bénéfices ont été liquidés sur la blockchain.

Contre ces plus de 1,5 milliards de dollars de profits réalisés, il y avait aussi plus de 200 millions de dollars de pertes réalisées. Il est intéressant de noter que la statistique aSOPR de Glassnode a été un bon prédicteur du prix des actions ces derniers temps. Cette statistique mesure le rapport entre les gains réalisés et les pertes sur le marché des bitcoins qui ont été à la même adresse pendant plus d'une heure.

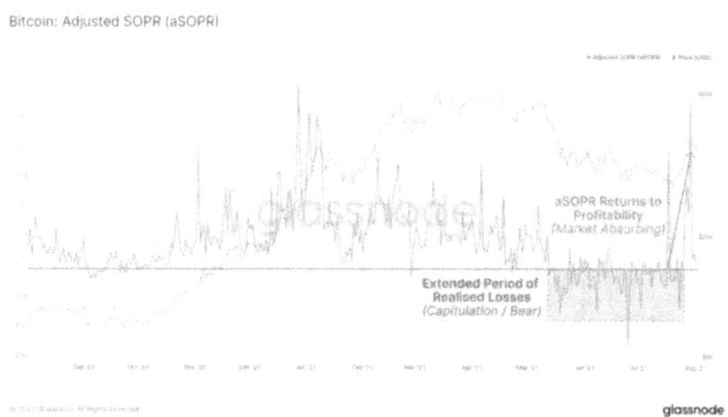

La valeur aSOPR de 1 a fait office de bon niveau de résistance au cours des derniers mois. Après le rallye de la semaine dernière, nous avons fermement franchi cette barrière. Maintenant, en ce qui concerne le aSOPR, deux scénarios sont possibles. Le premier scénario est que la valeur de 1 devient maintenant un niveau de soutien, ce qui serait haussier, et l'autre scénario est que nous tombons à travers le 1 et que les ours reprennent le dessus.

Le nombre de bitcoins sur les bourses continue de baisser

Cette semaine a été une semaine inhabituelle en ce qui concerne les sorties de bitcoins sur les bourses. En fait, depuis novembre de l'année dernière, il n'y a pas eu autant de bitcoins qui ont disparu des principaux échanges que la semaine dernière. En fait, nous étions à un rythme où environ 100 000 bitcoins par mois sortaient des bourses vers les portefeuilles on-chain des hodlers.

Au total, les principales bourses ne détiennent plus que 13,2 % de tous les bitcoins en circulation dans leurs portefeuilles. À quoi il faut ajouter que de nombreux investisseurs particuliers logent leur bitcoin auprès d'une bourse. Au cours des derniers mois, le bitcoin sur les principales plateformes d'échange a augmenté, mais cette tendance s'est à nouveau fermement inversée.

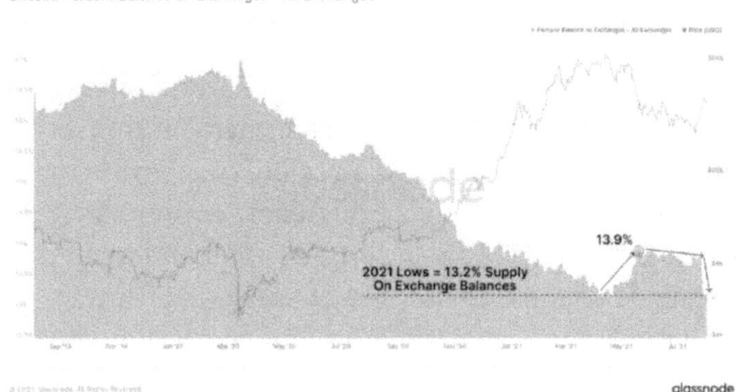

Un autre fait intéressant est la dynamique entre Coinbase et Binance. Pendant la grande majorité de l'année 2021, Coinbase était la bourse avec le plus de sorties de fonds des deux, et Binance a même connu des entrées fréquentes. Aujourd'hui, au moins pour Binance, cela semble s'être inversé, car la bourse a connu un flux sortant d'environ 37 500 bitcoins cette semaine. Coinbase a dû se contenter d'un flux sortant de 31 000 bitcoins. Un autre resserrement de l'offre est-il à venir ? Ce ne serait pas une mauvaise chose !

Comment devenir riche avec le bitcoin ?

Dans 10 ans, presque tous les bitcoins auront été extraits, ce qui signifie que vous n'aurez besoin que de 0,022 BTC pour être considéré comme riche. C'est ce qu'affirme un rédacteur d'Omgfin Exchange.

Un investissement de 900 dollars est suffisant
Au cours actuel du bitcoin, un achat de 0,022 bitcoin coûte environ 900 dollars, en fonction du prix actuel bien sûr, mais l'auteur affirme que les tendances actuelles de la répartition mondiale des richesses et l'offre inévitablement limitée de bitcoin pourraient signifier que cela pourrait valoir jusqu'à un million à l'avenir.

Les avis sont d'ailleurs partagés sur ce point, qui n'est pas vraiment pertinent pour le reste de cet article. D'ailleurs, l'article était basé sur la situation de l'année dernière, nous allons utiliser les derniers chiffres connus.

Les millionnaires possèdent 46 % de la richesse totale
Selon le Global Wealth Report 2021 du Credit Suisse, 56,1 millions de personnes disposent d'une valeur nette supérieure à 1 million de dollars. L'indice tient compte de la richesse d'une personne, ainsi que de tous les actifs dans lesquels elle a investi, tout en soustrayant les dettes et les engagements.

Bien qu'ils ne représentent que 1 % de la population mondiale (sans compter les enfants), les millionnaires possèdent 46 % de la richesse mondiale.

Selon la répartition de la richesse individuelle du Credit Suisse, 215 300 personnes valaient plus de 50 millions. Et parmi elles, 68 010 autres personnes valaient au moins 100 millions, et 5 332 avaient même des actifs de plus de 500 millions de dollars.

Distribution équitable du bitcoin

Actuellement, 18 775 881 bitcoins ont été extraits, ce qui signifie qu'il en reste 2 224 118 à venir. Dans 10 ans, l'offre sera de 20,6 millions, soit 98 % des 21 millions de pièces de l'offre totale. Il faut également tenir compte des 1,6 million de pièces (8,78 % selon les HodlWaves de Glassnode) qui n'ont pas été touchées depuis plus d'une décennie, ce qui laisse en pratique une limite de 19 millions de bitcoins pour tous les millionnaires du monde.

On se retrouve alors avec 0,34 bitcoin par millionnaire, y compris les pièces qui n'ont pas encore été minées. Pour cette expérience de pensée, nous supposons une distribution proportionnelle parmi les millionnaires uniquement.

Mais nous pouvons encore resserrer les choses. Si l'on soustrait de ce chiffre tous les bitcoins qui n'ont pas été déplacés depuis cinq ans ou plus, il ne reste plus que 16 millions de BTC. Dans ce scénario, chacun des millionnaires du monde ne pourrait posséder que 0,37 bitcoin chacun.

Outre les véritables millionnaires, il existe 583 millions d'individus dont le patrimoine se situe entre 100 000 et 1 million de dollars. Ces personnes ne doivent pas être ignorées comme détenteurs potentiels, même si leur pouvoir d'achat est plus faible.

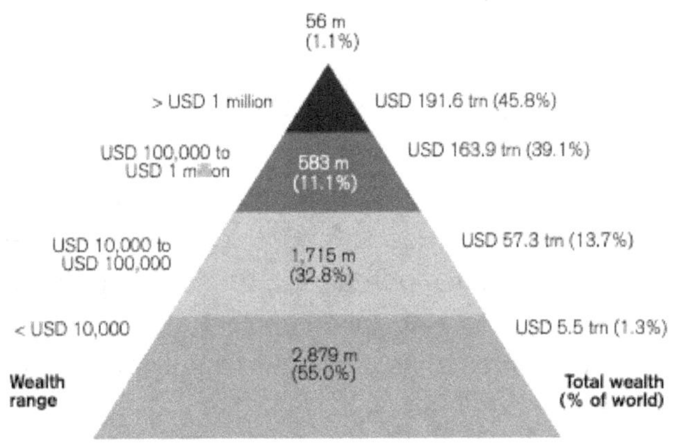

Sur la base de la répartition des richesses

En supposant que la répartition de la richesse mondiale dans le graphique ci-dessus reste la même, les millionnaires représentent 7,3 millions de pièces (45,8 %) sur le stock total de bitcoins (moins les pièces

41

perdues). Selon le rapport, il y a 56,1 millions de millionnaires, ce qui donne 0,13 bitcoin par millionnaire.

Les 583 millions d'individus restants, qui valent actuellement entre 100 000 et un million, pourraient effectivement posséder 6,3 millions de pièces supplémentaires.

Cela fait un total de 13,6 millions de bitcoins, divisé par les tonners + millionnaires, vous obtenez 0,022 bitcoin par individu à haute valeur nette.

Que pouvez-vous conclure provisoirement de cette expérience de pensée ? Qu'avec un investissement de 900 dollars en bitcoin au taux actuel, vous pouvez être au sommet de la pyramide fiduciaire.

Les meilleures crypto-monnaies de 2021

1. Bitcoin

Sans aucun doute, le bitcoin est devenu la crypto-monnaie la plus populaire et la plus connue au monde.

De nombreux commerçants et entreprises acceptent déjà les bitcoins comme moyen de paiement. Par exemple, Bitcoin est déjà accepté comme un moyen de paiement valide chez Microsoft et au Burger Kind.

Bitcoin vise à retirer le contrôle des organisations centrales telles que les banques centrales et les gouvernements dans les systèmes de paiement. Ainsi, chaque transaction est visible par tous.

Bitcoin est un grand projet sur lequel différentes équipes et développeurs continuent de travailler. Un développeur peut faire sa part en participant à des projets de démarrage.

Dans ce livre, nous avons discuté des récentes nouvelles concernant le bitcoin et de ce à quoi il faut s'attendre pour 2021. Dans l'ensemble, il s'agit d'un investissement très solide à long et à court terme.

À court terme, pour réaliser des bénéfices grâce à des transactions actives, et à long terme pour vous assurer qu'une partie de votre épargne sera à l'abri de l'inflation.

2. Ethereum

L'Ethereum (ETH) est considéré comme la crypto-
monnaie la plus populaire après le Bitcoin.

L'Ethereum présente certaines similitudes avec le
Bitcoin, mais il peut faire encore plus.

En effet, les transferts d'Ethereum sont plus rapides que
ceux de Bitcoin et la technologie blockchain d'Ethereum
peut gérer davantage de transactions.

En outre, contrairement au bitcoin, Ethereum prend
également en charge la technologie des "contrats
intelligents". Il s'agit d'un moyen sûr de conclure des
accords numériques sans avoir à établir au préalable
une confiance mutuelle. Le bitcoin est uniquement axé
sur les transactions numériques.

Enfin et surtout, Ethereum peut également créer des
applications centralisées (dApps). Utilisant la
technologie blockchain, ces dApps fonctionnent sur une
plateforme décentralisée sans autorité centrale.

Par exemple, des services comme Facebook et
Whatsapp sont centralisés. Vos messages sont donc
sous le contrôle de ces autorités. Avec les dApps, ce
n'est pas le cas.

Ethereum est également considéré comme une
nouvelle ère de l'internet, un internet qui n'est pas

contrôlé par une entreprise ou une personne et où les utilisateurs peuvent posséder leurs propres données.

Attente du prix de l'Ethereum
Il est difficile d'estimer l'attente du prix de l'Ethereum. Au début de la nouvelle année, le prix a grimpé en flèche, mais comme le bitcoin, il a aussi partiellement replongé.

Ethereum est actuellement en plein développement. Le nombre de développeurs et de collaborations augmente rapidement. À terme, cela pourrait signifier que davantage de personnes utiliseront Ethereum, ce qui pourrait entraîner une hausse des prix. Nous ne savons pas encore avec certitude si cela se produira.

Une bonne influence sur le prix sera la mise à niveau discutée dans le chapitre plus loin dans le livre. Nous vous conseillons de lire pour vous assurer que vous pouvez faire une évaluation correcte sur un investissement dans Ethereum.

3. Cardano
Cardano est connue comme la blockchain de troisième génération et a été fondée par le cofondateur d'Ethereum. Cardano est donc très similaire à Ethereum.

L'objectif de Cardano est de réaliser des applications financières qui peuvent être utilisées par des millions de consommateurs dans le monde, par exemple par des entreprises, des consommateurs et des gouvernements.

Cardano est jusqu'à présent la seule monnaie où la blockchain a été développée dans le cadre d'une recherche scientifique visant à déterminer où se situent les problèmes dans la pratique.

La blockchain a été construite par une équipe d'ingénieurs et d'universitaires (experts du secteur).

Cardano est toujours en cours de développement. Il est donc peu probable que vous puissiez payer avec Cardano d'ici un an.

Différence entre Proof of Stake (Pos) et Proof of Work (Pow)
Deux techniques sont utilisées pour valider les transactions :

- Preuve de travail
- Preuve de participation

Comment fonctionne la preuve de travail ?
La personne qui fait le plus de travail pour résoudre un problème reçoit une récompense. C'est ce qu'on appelle le minage. Pour valider les transactions, les mineurs doivent résoudre une énigme mathématique. À chaque nouveau bloc, l'énigme devient plus difficile et consomme donc plus d'énergie.

Exemples : Bitcoin et Litecoin

Comment fonctionne la preuve d'enjeu ?
La personne qui possède le plus grand nombre de pièces dans le réseau valide les transactions et reçoit une récompense. Ce mécanisme tient également compte de la durée de détention des pièces par les investisseurs. Il n'y a pas de minage dans ce mécanisme, car toutes les pièces ont déjà été créées.

Exemple : Cardano

Cardano, contrairement à Bitcoin par exemple, fonctionne avec Proof of Stake (PoS). Le principal avantage de cette méthode est qu'elle nécessite beaucoup moins de puissance de calcul et consomme donc moins d'énergie par transaction. Par conséquent, les coûts de transaction diminuent.

Les avantages pour Cardano
Adaptabilité - Des ajustements peuvent être effectués facilement. Cela permet d'améliorer relativement rapidement la technologie derrière Cardano.

Coopération réglementaire - Cardano s'efforce de prendre en compte les réglementations des différents pays.

Plan d'avenir serré - En 2021, de nombreux projets sont prévus pour cette entreprise ; améliorer les contrats intelligents, ajouter de la scalabilité et améliorer la prise de décision.

Inconvénients de Cardano

Le projet est encore en cours de développement - Il n'y a pas beaucoup de fonctionnalités disponibles pour le moment. Le projet doit encore faire ses preuves.

Attente de l'avenir de Cardano

Il est également difficile pour Cardano d'estimer où il va dans le futur.

La plupart des experts sont positifs quant à l'avenir. En effet, l'équipe de Cardano continue d'améliorer sa blockchain à un rythme soutenu.

4. Binance Coin

Le Binance Coin fonctionne différemment de toutes les autres crypto-monnaies mentionnées dans cet article.

Le Binance Coin est la monnaie de la populaire plateforme de crypto-monnaies Binance. Sur Binance, vous pouvez vendre et acheter toutes les crypto-monnaies connues. En utilisant le Binance Coin sur la plateforme lors de l'achat et de la vente de crypto-monnaies, vous bénéficiez d'une réduction. Le Binance Coin a été lancé en juillet 2017 et est similaire au bitcoin.

Avantages de la pièce Binance

Faibles frais de transaction - L'utilisation de la pièce Binance permet de maintenir le coût de vos transactions à un faible niveau.

Destruction de pièces - Binance brûle des pièces de temps en temps. Cela signifie que l'offre diminue. Si la demande augmente, le prix de la pièce augmente.

Dépend de la popularité de Binance - La valeur de la pièce Binance dépend de la plateforme Binance. On s'attend à ce que Binance continue de croître dans les années à venir et que la valeur de la pièce en fasse autant.

Inconvénients de la pièce Binance
Le rabais disparaîtra à l'avenir - Binance a annoncé que le rabais sur les frais de transaction disparaîtra après 5 ans.

Prévision du prix des pièces de Binance
Il n'est pas possible de faire une prédiction exacte de l'évolution du prix de la Binance Coin.

Les experts estiment que le prix du Binance Coin augmentera considérablement dans les années à venir en raison de la popularité croissante de la plateforme d'échange.

Voulez-vous acheter le Binance Coin ? Lors de l'achat, gardez toujours un œil sur toutes les nouvelles de Binance Coin pour toute évolution.

5. Polkadot

Polkadot a été fondé par Gavin Wood, cofondateur d'Ethereum. Il s'agissait d'une réaction à la lenteur du développement d'Ethereum et il a donc lancé la Web3 Foundation.

Polkadot est un réseau multichaîne partagé qui connecte plusieurs blockchains en un réseau unifié.

Cela permet à ces blockchains indépendantes de partager des informations et des transactions. Les utilisateurs peuvent ainsi combiner des informations provenant de différentes blockchains.

L'objectif de Polkadot est de réaliser un web entièrement décentralisé où les utilisateurs ont le plein contrôle et la propriété de leurs données et de leur identité à la place des monopoles de l'internet.

Les avantages de Polkadot
Mécanisme unique - Polkadot se distingue par un mécanisme partagé où plusieurs blockchains indépendantes peuvent travailler ensemble. Ainsi, les applications d'Ethereum, Bitcoin et Cardano, par exemple, peuvent également être utilisées dans Polkadot.

Sharding - Le traitement et la vérification des transactions n'ont pas besoin d'être approuvés par l'ensemble du réseau mais peuvent être répartis sur le

réseau. Les transactions sont ainsi rapides et peu
coûteuses.

Personnalisable - Chaque blockchain peut être
personnalisée et est facile à mettre à jour. Les équipes
de développement peuvent ainsi optimiser leur réseau
en termes de finance, de jeux, d'IoT, de réseaux sociaux,
etc. Déjà 350 projets se construisent activement sur le
réseau.

Les inconvénients de Polkadot
Le **jeune projet** Polkadot a été lancé en mai 2020. Le
projet n'a donc même pas encore un an.

L'avenir de Polkadot
En quelques mois, Polkadot a connu une hausse
relativement rapide, pour ensuite chuter brutalement
d'un seul coup.

Les experts estiment néanmoins que la hausse se
poursuivra dans les années à venir, mais il est difficile
de faire une prédiction exacte à long terme sur le
marché des crypto-monnaies.

6. Maille de chaîne
Chainlink a été fondée en 2017 par la société fintech
SmartContract. Chainlink veut mettre les contrats
intelligents à la disposition du monde entier.

Chainlink a résolu un problème auquel Ethereum est
confronté. Le problème est que les données externes ne

peuvent pas être incorporées dans un contrat intelligent.

Chainlink fournit un lien entre les contrats intelligents (accords) et les plateformes blockchain. Grâce à un oracle, des données externes peuvent encore être traitées dans un contrat.

Un oracle envoie des données externes (ce qui se passe dans le monde réel) à la blockchain, afin que ces données puissent être utilisées.

Chainlink travaille déjà avec SWIFT, Gartner et Google.

Les avantages de Chainlink
Position unique - Il n'existe aucune autre crypto-monnaie qui offre la même application que Chainlink.

Convient à toutes les plateformes - Il fonctionne à la fois avec Bitcoin, Ethereum, etc. Ainsi, peu importe la pièce qui a le plus de succès.

Connexion au monde réel - Chainlink vous permet de connecter le monde réel et les contrats intelligents.

Les inconvénients de Chainlink
Moins fiable - En utilisant des données externes, la fiabilité est compromise. En effet, le propriétaire de la source des données externes peut modifier ces dernières pour influencer le contrat.

Le succès dépend des grandes entreprises - Pour que le projet réussisse, les grandes entreprises doivent s'associer à Chainlink.

Pas de plan d'avenir - L'entreprise n'a pas publié de feuille de route, on ne sait donc pas ce qu'elle compte faire dans l'année ou les années à venir.

L'avenir de Chainlink

Comme d'autres crypto-monnaies, le prix de Chainlink a également connu des hausses et des baisses importantes au cours des derniers mois.

Les attentes de prix de Chainlink de la part des experts sont positives. Un expert en crypto-monnaies affirme que Chainlink pourrait valoir jusqu'à 100 dollars d'ici la fin 2025.

7. Litecoin

Litecoin existe depuis 2012 et fait partie du top 10 des crypto-monnaies depuis cette date. Le Litecoin a été fondé par un ancien employé de Google, Charlie Lee, et est très similaire au Bitcoin.

L'objectif du Litecoin est de rendre les paiements plus rapides et moins chers que le Bitcoin. Comme le Bitcoin, il utilise la technologie blockchain qui met les banques et les gouvernements hors jeu en matière de paiements.

Le Litecoin, comme le Bitcoin, est également accepté par certaines entreprises comme moyen de paiement.

Les avantages du Litecoin

Décentralisation - Les transactions sont stockées sur la blockchain, tout comme le Bitcoin. Ainsi, il n'y a pas d'autorité centrale qui contrôle le Litecoin.

Transactions rapides - Une transaction avec Litecoin est effectuée en 2,5 minutes contre 10 minutes avec Bitcoin.

Transactions bon marché - En outre, les frais de transaction moyens sont de 0,01 $. En comparaison, le bitcoin a des frais de transaction moyens de 3 $.

Adaptabilité - Des modifications du protocole peuvent être apportées rapidement.

Les inconvénients du Litecoin

Utilisé sur le Dark Web - Le Litecoin est l'une des crypto-monnaies les plus utilisées sur le Dark Web. Ce fait n'est pas un bon marketing pour la pièce.

Le propriétaire de Litecoin a vendu tous ses Litecoins - Charlie Lee a vendu toutes ses pièces en décembre 2017 lorsque le prix était élevé. En conséquence, la crypto-monnaie a perdu toute crédibilité pendant un temps.

L'avenir financier du Litecoin

Les attentes concernant le prix du Litecoin varient considérablement, mais presque toutes sont positives. Comme vous pouvez le constater, le prix du Litecoin a augmenté de manière significative au cours des derniers mois, et a de nouveau baissé de manière significative.

Le prix du Litecoin dépend fortement du prix du Bitcoin. Le bitcoin est en hausse ? Alors il y a de fortes chances que le prix du Litecoin augmente également.

8. XRP

Ripple (XRP) vise à permettre des paiements rapides et bon marché grâce à une plateforme décentralisée.

Il s'agit d'un réseau peer-to-peer pour les transferts d'argent internationaux et fournit aux institutions financières un protocole de paiement numérique.

Au lieu de mettre les banques en faillite, il s'engage en fait dans des collaborations avec diverses banques et institutions financières. Un grand nombre d'organisations ont déjà soutenu Ripple, notamment la Santander Bank et American Express.

Contrairement aux autres cryptomonnaies, Ripple ne fonctionne pas avec la technologie blockchain. Ripple a développé sa propre technologie pour traiter et vérifier les transactions : le Ripple Protocol Consensus Algorithm (RPCA).

Cela présente la caractéristique de rendre les transactions relativement bon marché et de consommer moins d'énergie.

Les avantages de Ripple

Transactions instantanées - Ripple peut traiter les paiements en 5 secondes grâce à un réseau de serveurs.

Polyvalence - Ripple ne cherche pas à remplacer un système de paiement, mais à travailler avec les institutions financières. Ainsi, il peut être utilisé pour échanger n'importe quelle monnaie, y compris les crypto.

Frais de transaction extrêmement bas - Les frais de transaction d'un paiement sont de 0,0001 $. Par rapport à d'autres crypto-monnaies, c'est extrêmement bon marché.

Destinée aux institutions financières et aux banques - La technologie vise à introduire un nouveau protocole de paiement numérique, répondant aux problèmes des systèmes de paiement actuels.

Les inconvénients de Ripple

Les grands détenteurs de jetons ont beaucoup de pouvoir - L'entreprise possède jusqu'à 70 % des jetons, ce qui lui confère une position de force. Ainsi, ils peuvent à eux seuls faire baisser ou augmenter le prix.

Procès en cours contre Ripple - L'issue de ce procès peut avoir un effet majeur sur le prix du Ripple. Si l'issue est négative, cela pourrait même signifier la fin du Ripple.

L'avenir financier de Ripple
Malheureusement, il est impossible de faire une prévision de prix de l'avenir pour le Ripple ou d'autres crypto-monnaies dans ce marché volatile.

Les attentes des experts sont très variables. La moitié ne prévoit aucun problème et l'autre moitié voit le prix chuter (voire tomber à zéro). L'issue de l'affaire judiciaire aura un impact sur le prix. Ce résultat est attendu avant le 16 août 2021.

Bitcoin contre Ethereum

Quelle est la différence et quelle crypto-monnaie a l'avenir le plus prometteur ?

Nous avons expliqué plus haut que le bitcoin a un énorme potentiel à long terme, mais comment se comporte-t-il par rapport au numéro 2. Devriez-vous investir dans les deux monnaies ?

Bitcoin et Ethereum sont les deux plus grandes crypto-monnaies en termes de capitalisation boursière. Les co-investisseurs choisissent souvent de ne détenir qu'une seule des deux dans leur portefeuille. Malgré cette approche, ces crypto-monnaies restent très différentes. Quelles sont les principales différences ? Pourquoi les gens croient-ils en l'une et pas en l'autre ? Quelques

experts du secteur apportent leur éclairage sur la question.

L'envolée de l'Ethereum au cours de l'année écoulée

L'année 2021 s'est jusqu'à présent révélée être l'année de l'Ethereum. La deuxième crypto-monnaie se rapproche rapidement de la capitalisation boursière du Bitcoin. Par exemple, avec une capitalisation boursière de 501 milliards de dollars, la monnaie a plus de valeur que la banque d'investissement américaine JP Morgan à l'heure où nous écrivons ces lignes.

Pourtant, le plus grand challenger du bitcoin a encore un long chemin à parcourir s'il veut dépasser la capitalisation du marché du bitcoin (actuellement de 1 000 milliards de dollars). Récemment, 1 bitcoin valait 13,25 ethereum.

Qu'est-ce que l'Ethereum ?

La pièce Ethereum (ETH) est l'une des pièces ayant la plus grande capitalisation boursière. Une capacité de marché élevée indique généralement qu'il y a beaucoup de foi dans une pièce particulière, et la pièce Ethereum, comme le Bitcoin, a beaucoup de foi.

Alors que les investisseurs sont sceptiques quant à l'avenir du Bitcoin, l'avenir de la pièce Ethereum semble pour l'instant radieux. En effet, le cours de la monnaie Ethereum a augmenté de plus de 3000 % en 2017.

Bien sûr, la question est toujours de savoir si investir dans cette monnaie virtuelle vaut toujours la peine. Pour pouvoir répondre à cette question par vous-même, cette page vous expliquera le principe de cette monnaie. Vous pourrez ainsi vous faire une idée du type de monnaie dont il s'agit et de la manière dont on envisage l'avenir de l'Ethereum.

En quoi diffère-t-il du bitcoin ?

Là où Ripple, par exemple, se concentre sur l'accélération des transactions sur le marché financier, la pièce Ethereum se concentre sur l'utilisation des applications. Le principe de la technologie Ethereum est de créer une situation dans laquelle les applications peuvent être utilisées sans l'intervention d'une autorité centrale. Les applications qui utilisent cette technologie sont également appelées DApps (ou Decentralized Apps). Le principal avantage des applications utilisant la technologie Ethereum est qu'il n'y a pratiquement plus de perte de données, de manipulation de données, de censure au sein de l'application ou de temps d'arrêt de l'application.

Le prix de la monnaie Ethereum n'est pas seulement déterminé par l'offre et la demande des investisseurs. Le prix dépend beaucoup plus de l'utilisation qui est faite des DApps. Un grand nombre d'entreprises dans le monde entier soutiennent le concept Ethereum. Par conséquent, il n'est pas surprenant que la valeur de la monnaie ait augmenté de façon spectaculaire en 2017.

Sur le marché des crypto-monnaies, Ethereum est encore une pièce relativement nouvelle. Le prix d'Ethereum n'a cessé d'augmenter depuis sa création en 2015. En 2017, le prix de l'Ethereum a augmenté de plus de 3000 %. Cette hausse s'explique facilement car davantage d'entreprises internationales ont manifesté leur intérêt pour l'Ethereum.

Des multinationales comme ING, Microsoft, BP et Deloitte, pour n'en citer que quelques-unes, ont déjà rejoint l'Enterprise Ethereum Alliance (un partenariat fondé par Ethereum). Les plus grandes entreprises du monde sont de plus en plus intéressées par une collaboration avec Ethereum. Plus il y a de grandes entreprises qui utilisent le réseau Ethereum, plus la confiance dans la monnaie est grande. Une plus grande confiance, bien sûr, se traduit par un taux de change plus élevé.

L'achat de pièces d'Ethereum est similaire à l'achat de Bitcoin. L'Ethereum est lié à tous les "échanges de crypto-monnaies" bien connus, ce qui rend extrêmement simple l'achat de la pièce avec d'autres crypto-monnaies.

L'achat d'Ethereum est similaire à l'achat de Bitcoin. L'Ethereum est lié à tous les "échanges de crypto-monnaies" bien connus, ce qui rend extrêmement simple l'achat de la pièce avec d'autres crypto-monnaies.

Les pièces d'Ethereum peuvent également être achetées en dollars par l'intermédiaire d'un certain nombre de fournisseurs internationaux. Comme tous les échanges ne facturent pas des frais de transaction raisonnables, il est préférable de s'en tenir aux parties les plus connues. L'astuce pour acheter des pièces d'Ethereum est, bien sûr, d'attendre le bon moment pour acheter. De nombreux investisseurs achètent les pièces lorsque leur valeur est sur le point de chuter.

La crypto-monnaie Ethereum est relativement stable (pour autant qu'une crypto-monnaie puisse être stable). Malgré le fait que la pièce soit relativement stable, investir dans une crypto-monnaie est toujours risqué.

Par conséquent, n'investissez dans l'Ethereum qu'avec des fonds que vous pouvez vous permettre de perdre. De nombreuses personnes pensent qu'il est nécessaire d'acheter des pièces d'Ethereum entières, mais ce n'est pas le cas. Vous pouvez également acheter une demi-pièce ou moins.

Les pièces d'Ethereum peuvent être déposées en utilisant un portefeuille en ligne ou hors ligne. Pour le dépôt en ligne des pièces d'Ethereum, vous avez le choix entre un grand nombre de fournisseurs de portefeuilles en ligne.

L'Ethereum peut être acheté en ligne sur des bourses telles que Binance. Comme les pièces d'Ethereum ont une valeur relativement élevée, de plus en plus de personnes choisissent de garder leurs pièces en sécurité hors ligne. Vous pouvez également choisir entre un porte-monnaie matériel et un porte-monnaie mobile.

NFT et Ethereum

L'une des raisons pour lesquelles l'Ethereum pourrait connaître une bonne augmentation de prix dans les prochaines années est due aux NFT (jetons non fongibles).

Les NFT sont devenus très populaires en peu de temps, y compris parmi les artistes qui espèrent gagner un peu d'argent de poche en période de couronnement. Ou de l'argent de poche ? Certaines œuvres d'art NFT changent de mains pour des millions.

Le battage médiatique autour des jetons non fongibles attire les nouveaux venus dans le monde des crypto-monnaies. Ils sont curieux de savoir ce que sont les NFT ou espèrent devenir rapidement riches en échangeant de l'art numérique.

Les ventes de NFT fonctionnent principalement sur la plateforme Ethereum, comme le bitcoin, un réseau décentralisé basé sur le concept de blockchain. Mais le simple fait d'avoir un portefeuille numérique rempli d'éther - l'une des crypto-monnaies les plus populaires - ne suffit pas.

Si vous souhaitez en savoir plus sur l'art des NFT et le trading des NFT, vous pouvez consulter notre livre sur le sujet.

Résumé :

- Ethereum est une plateforme décentralisée qui utilise la technologie blockchain mise au point par le mystérieux Satoshi Nakamoto - un pseudonyme - créateur du Bitcoin.

- Alors que le bitcoin a découvert un moyen de transférer la valeur numériquement, directement de personne à personne, Ethereum adopte une approche différente", écrit le site de niche BTC.direct. Le réseau Ethereum serait le fondement d'un nouveau type d'Internet. Plus important encore, l'"écosystème" Ethereum sert de base au développement d'applications décentralisées (DAPP) et de contrats intelligents.
- Les DAPP seraient beaucoup plus respectueux de la vie privée et plus sûrs que les applications Internet centralisées actuelles. Ils sont également non censurables.

Comment les grands investisseurs en Ethereum voient-ils l'avenir ?

Tally Greenberg, responsable du développement commercial de la société de logiciels Allnodes, a déclaré ce qui suit à propos d'Ethereum :

L'avantage technologique et l'utilité de l'écosystème Ethereum sont bien supérieurs à ceux du Bitcoin, et je pense que les investisseurs commencent à s'en rendre compte également. Il y a actuellement plus de 75 milliards de dollars investis dans des projets deFi sur la blockchain Ethereum - il y a tout juste un mois, ce chiffre était de 40 milliards de dollars. Rien que les contrats intelligents supportés par le réseau offrent des possibilités infinies et devraient suffire pour que l'Ethereum ait un avantage concurrentiel sur le Bitcoin."

Steve Ehrlich, PDG et fondateur du courtier en crypto-monnaies Voyager Digital :

"Je pense que l'Ethereum offre de meilleures perspectives en raison de son utilité, de ses fonctionnalités et de son écosystème." Les clients de Voyager (courtier en actifs cryptographiques, ndlr) qui possèdent à la fois du Bitcoin et de l'Ether ont commencé à détenir davantage d'Ether ces derniers mois. Nous constatons également que nos plus gros investisseurs sont de plus en plus à l'aise avec le profil risque/récompense de l'Ether. La blockchain Ethereum alimente l'écosystème le plus développé pour la finance décentralisée et les NFT, qui gagnent tous en popularité. Ethereum recevra également une mise à niveau intéressante dans un avenir proche."*

"On s'attend à ce que l'ETH soit reconnu par les investisseurs institutionnels", **explique Megan Kaspar, directrice générale de la société d'investissement en crypto-monnaies Magnetic.**

"Je pense que l'Ether va gagner en popularité. Lorsque les investisseurs prendront conscience des opportunités technologiques, les flux de capitaux se déplaceront vers Ether. À long terme, les analyses techniques et fondamentales montrent que l'Ether a un potentiel de hausse plus élevé que le Bitcoin. "

Quelle est la différence entre Bitcoin et Ethereum ?

Le réseau Ethereum permet aux développeurs de créer leurs propres applications décentralisées, ce qui n'est pas le cas du bitcoin.

Une autre différence est que le créateur de l'Ethereum est connu, alors que celui du Bitcoin ne l'est pas.

L'offre détermine le prix du bitcoin (contrairement à la monnaie fiduciaire, l'offre de bitcoins est rare et finie). Avec l'Ether, cependant, d'autres facteurs entrent en jeu : par exemple, le réseau permet aux start-ups d'émettre un jeton pour leur propre projet de blockchain.

À l'heure actuelle, les investisseurs devraient avoir à la fois Bitcoin et Ethereum dans leurs portefeuilles.

Le bitcoin a de fortes chances de rester le principal actif cryptographique du monde, tandis qu'Ethereum a de fortes chances de devenir la principale plateforme de développement de logiciels distribués du monde.

Par conséquent, si vous voulez tirer le meilleur parti de votre portefeuille, **investissez dès maintenant dans les deux.**

La mise à niveau d'Ethereum en 2021

Le 5 août est la date : la mise à niveau tant attendue du réseau Ethereum va avoir lieu. Initialement, elle devait avoir lieu le 4 août, mais le projet a été retardé d'un jour.

La mise à niveau est appelée "London hardfork" et sera effectuée sur le bloc numéro 12 965 000 de la blockchain Ethereum.

Certaines améliorations attendues depuis longtemps, appelées Ethereum Improvement Proposals, seront mises en œuvre. La plus connue d'entre elles est la controversée EIP-1559.

Il y a quatre choses que vous devez savoir sur la prochaine mise à niveau du réseau Ethereum.

1. EIP-1559 devrait rendre les coûts de transaction plus prévisibles
Les coûts de transaction sur le réseau Ethereum ont augmenté de façon astronomique depuis le début de l'année, en partie en raison de la popularité croissante de la finance décentralisée, ou DeFi. Celle-ci remplace une série d'institutions financières centralisées et réglementées par des systèmes et produits décentralisés généralement construits sur la blockchain Ethereum.

Les développeurs d'Ethereum veulent résoudre l'augmentation des coûts de transaction par une série de changements.

Dans le système actuel, les utilisateurs doivent payer des frais pour qu'une transaction soit effectuée. Ils décident eux-mêmes du montant de ces frais (bien qu'il y ait un montant minimum). Plus vous payez, plus la transaction est rapide. Les utilisateurs enchérissent les uns contre les autres.

Cela peut entraîner des coûts élevés, car la valeur de l'éther en euros ou en dollars peut fluctuer considérablement. Il s'écoule un certain temps entre le placement d'une transaction et son traitement. Si la valeur de l'éther a considérablement augmenté pendant cette période, cela peut entraîner des coûts imprévus.

Le 5 août est la date : la mise à niveau tant attendue du réseau Ethereum est lancée. Initialement, elle devait avoir lieu le 4 août, mais le projet a été retardé d'un jour.

La mise à niveau est appelée "London hardfork" et sera effectuée sur le bloc numéro 12 965 000 de la blockchain Ethereum.

Certaines améliorations attendues depuis longtemps, appelées Ethereum Improvement Proposals, seront mises en œuvre. La plus connue d'entre elles est la controversée EIP-1559.

1. EIP-1559 devrait rendre les coûts de transaction plus prévisibles

Les coûts de transaction sur le réseau Ethereum ont augmenté de façon astronomique depuis le début de l'année, en partie en raison de la popularité croissante de la finance décentralisée, ou DeFi. Celle-ci remplace une série d'institutions financières centralisées et réglementées par des systèmes et produits décentralisés généralement construits sur la blockchain Ethereum.

Les développeurs d'Ethereum veulent résoudre l'augmentation des coûts de transaction par une série de changements.

Dans le système actuel, les utilisateurs doivent payer des frais pour qu'une transaction soit effectuée. Ils décident eux-mêmes du montant de ces frais (bien qu'il y ait un montant minimum). Plus vous payez, plus la transaction est rapide. Les utilisateurs enchérissent les uns contre les autres.

Cela peut entraîner des coûts élevés, car la valeur de l'éther en euros ou en dollars peut fluctuer considérablement. Il s'écoule un certain temps entre le placement d'une transaction et son traitement. Si la valeur de l'éther a considérablement augmenté pendant cette période, cela peut entraîner des coûts imprévus.

Les développeurs d'Ethereum travaillent également sur ce que l'on appelle le sharding, c'est-à-dire la division de la blockchain en plusieurs chaînes. Cela devrait augmenter considérablement la vitesse de transaction et la capacité du réseau.

Pourquoi Ripple attire-t-il l'attention ?

Outre le bitcoin, il existe une pléthore d'autres crypto-monnaies qui peuvent être bien plus lucratives en termes de rendement que le célèbre bitcoin. Ripple (XRP), est l'une des crypto-monnaies dont la capitalisation boursière est massive. Depuis la fin de l'année 2017, le prix de la monnaie Ripple a augmenté de façon spectaculaire, et il continue de fluctuer de façon significative à ce jour.

Vous vous demandez peut-être : " Le Ripple est-il une bonne pièce dans laquelle investir ? ". Afin d'apporter une réponse satisfaisante, nous allons approfondir tout ce qui concerne le Ripple dans ce chapitre.

Qu'est-ce que le Ripple ?

Commençons par répondre à la question "Qu'est-ce que Ripple ?". Les crypto-monnaies ont été développées à la suite de la crise économique, en partie pour réduire l'influence des banques sur les transactions économiques. Alors qu'aujourd'hui, la plupart des crypto-monnaies basent encore leur profil sur ce concept, ce n'est pas le cas de la pièce Ripple. Le Ripple, en revanche, est une monnaie centralisée conçue pour permettre aux institutions financières (notamment les banques) et aux transactions internationales d'être réalisées plus rapidement.

Ripple travaille déjà sur une solution de système de paiement pour une grande partie du trafic bancaire de

Santander, Reise Bank, BBVA, Bank of America et
UniCredit, entre autres. Elle détient déjà une
participation de 40 % dans le système de paiement des
banques en Asie.

La technologie de Ripple devrait susciter l'intérêt d'un
nombre croissant de banques. Par conséquent, le
nombre de banques qui utiliseront cette technologie
devrait augmenter rapidement.

Bien sûr, "accélérer les transactions internationales" ne
semble pas très clair pour le moment. Le principe de la
technologie Ripple sera expliqué plus en détail à l'aide
d'un bref exemple : Il y a une différence de devise
lorsqu'un client veut effectuer une transaction d'une
banque espagnole (par exemple, Santander) vers une
banque américaine (par exemple, Bank of America).

Le client espagnol transfère le montant en euros, et
celui-ci arrive en dollars à la banque américaine. Pour
effectuer ces transactions, la Santander Bank possède
un compte auprès de la Bank of America et la Bank of
America possède un compte auprès de la Santander
Bank, appelés comptes nostro et vostro.

Effectuer un paiement espagnol à une banque
américaine prend beaucoup de temps en raison des
nombreux liens dans ce processus. Ripple se concentre
sur l'accélération de ce processus, en effectuant les
transactions en monnaie Ripple.

Désormais, effectuer un paiement ne prend plus
plusieurs jours, mais seulement quelques secondes.
Non seulement cela réduit les coûts de transaction pour
les banques, mais les clients de ces dernières peuvent
également effectuer leurs transactions plus rapidement.

Le procès de Ripple

La SEC a déposé une plainte surprise contre Ripple et deux de ses dirigeants, le cofondateur Chris Larsen et le PDG Brad Garlinghouse, en décembre. Le régulateur affirme que la poursuite de la vente de XRP à des investisseurs individuels viole les lois sur les valeurs mobilières.

La SEC espère renforcer son dossier en démontrant que Ripple a délibérément manipulé l'attente du prix de la crypto-monnaie XRP avec des annonces au moment stratégique.

Jusqu'à présent, l'analyse des portefeuilles de crypto-monnaies par Larsen et Garlinghouse a révélé que des quantités massives de XRP ont été livrées à des échanges basés sur un sol étranger. Cependant, Ripple "n'a pas remis de documents de compte d'actifs numériques basés à l'étranger ou n'a pas expliqué autrement la signification de ces transferts de XRP", selon la lettre de la SEC.

"Bien que la SEC ait également tenté d'obtenir ces informations directement auprès de Ripple, ce dernier a récemment informé la SEC qu'il ne les possédait pas non plus, ce qui laisse la seule piste d'enquête à l'étranger", explique la lettre.

Cependant, il semble que les enquêtes ne soient pas bien parties, les demandes adressées à neuf régulateurs étrangers différents étant revenues vides. Selon la lettre, deux régulateurs ont refusé d'aider, et trois autres ont refusé de permettre à la SEC de publier leurs communications. Un seul régulateur a suggéré que la SEC pourrait utiliser les conversations entre les deux parties pour renforcer son dossier.

Si le tribunal fait droit à la requête de Ripple, la SEC sera tenue d'adresser des demandes de cessation et de désistement aux autorités de réglementation étrangères, mettant ainsi un terme à cette enquête.

11:20
Bitcoin
$36,588.28
-0.02%
$38,769.84

Quel est le prix du Ripple ?

Maintenant que nous avons couvert les fondamentaux et les récentes nouvelles entourant le procès contre Ripple, allons au fond de la question : Quel est le prix du Ripple ? Ripple a été fondé en 2012 dans le but d'accélérer les transactions financières. Alors que le prix était initialement stable (bas), il a considérablement augmenté depuis la fin de l'année 2017.

Ripple est devenu une entreprise d'un milliard de dollars presque immédiatement à la suite de l'augmentation du prix. Les propriétaires de Ripple gèrent toujours une grande partie de la capacité du marché, de sorte que le public ne dispose que d'une capacité limitée.

La hausse des prix s'explique par le fait que Ripple a passé un contrat avec un certain nombre de gros clients du monde financier. Il s'agit notamment de clients tels que Bank of America et Royal Bank of Scotland. En outre, Ripple bénéficie du soutien de nombreuses multinationales, dont Google. En janvier 2018, le prix s'est d'abord établi à 3,10 dollars par Ripple.

La hausse des prix s'explique par le fait que Ripple a signé des contrats avec un certain nombre de grands clients financiers. Parmi ces clients figurent Bank of America et la Royal Bank of Scotland. En outre, Ripple bénéficie du soutien de nombreuses multinationales, dont Google. En janvier 2018, le cours était de 3,10 dollars par Ripple.

Comment acheter du Ripple

Vous êtes déjà un peu excité ? Alors vous devez vous demander, où puis-je acheter du Ripple ? Au début, il était difficile d'acheter du Ripple avec des dollars ou des euros. Heureusement, de plus en plus d'options à cet effet sont apparues récemment.

Lorsque vous achetez des pièces Ripple avec des dollars, les frais de transaction sont souvent élevés. Il est donc conseillé de convertir d'abord les dollars en une monnaie numérique plus courante (par exemple, Bitcoin (BTC) ou Ethereum (ETH)), puis d'acheter les pièces Ripple par l'intermédiaire d'un échange comme Binance.

Comment développer votre stratégie de trading

Comment développer votre propre stratégie de trading Crypto ? Bien sûr, avec l'aide de Stellar Moon Publishing ! Une bonne stratégie de trading de crypto vous donne la main, la concentration, la tranquillité d'esprit et non des moindres : une quantité délicieuse de profit. Comme nous soupçonnons que cela intéresse beaucoup de monde, nous allons aujourd'hui examiner plus en profondeur les éléments qui déterminent une stratégie de trading ultime.

Il n'existe pas de stratégie de trading unique qui fonctionne pour tout le monde. Une stratégie de trading ne peut réussir que si elle est parfaitement adaptée à votre personne, à votre type de trader, à votre capital, à votre profil de risque, etc. C'est pourquoi nous examinons spécifiquement les éléments sous-jacents.

De cette façon, vous parviendrez à une stratégie de trading de crypto qui vous correspond étroitement en tant que personne, avec toutes les opportunités et les risques qui correspondent à qui vous êtes et au type de trader que vous voulez être. Vous êtes curieux ? Allons-y !

Attention : gardez à l'esprit que l'explication suivante sur le développement d'une stratégie de trading Crypto et l'explication de celle-ci ne doivent en aucun cas être interprétées comme des conseils.

C'est à vous, et à vous seul, qu'il appartient de décider si vous voulez faire du commerce de crypto-monnaies, de quelle manière et quels choix vous allez faire en matière d'achat et de vente.

Qu'est-ce qu'une stratégie de trading de crypto-monnaies ?

Une stratégie de trading de crypto est un plan personnel préalablement établi auquel vous vous engagez pendant le trading. En bref, il s'agit de directives ou de règles que vous respectez lorsque vous négociez.

Vous éviterez ainsi les sauts fous, les achats et les ventes impulsifs, les pertes importantes que vous ne pouvez pas couvrir, les émotions qui prennent le dessus sur vous et le sentiment d'être "à côté de la plaque" avec vos méthodes de négociation.

Une stratégie de trading n'est pas seulement une ligne directrice lorsque vous voulez prendre une position (acheter) ou fermer une position (vendre), mais elle se concentre également sur des éléments beaucoup moins tangibles tels qu'un profil de risque personnel ou une préférence personnelle concernant les délais.

Pourtant, ce ne sont pas les sentiments et les préférences qui dominent. Bien au contraire. De

83

nombreux éléments d'une stratégie de trading réussie sont fondés sur des données, des chiffres, des analyses, des graphiques et des modèles de prédiction (et des indicateurs de trading) solides comme le roc. Alors, vous aimez l'analyse statistique ? Dans ce cas, vous pouvez prendre beaucoup de plaisir à définir et à choisir une stratégie de trading efficace.

Qu'est-ce qui fait le succès d'une stratégie de trading ?
La stratégie de trading ultime possède quelques caractéristiques extrêmement importantes. Nous en énumérons quelques-unes pour vous.

Une stratégie commerciale réussie :

- est à jour
- est personnel
- est conforme à une analyse technique (TA) (correcte).
- correspond à votre profil de risque

Nous sommes sûrs qu'il y a d'autres caractéristiques à inventer, mais il peut être clair qu'une bonne stratégie de trading aujourd'hui, peut littéralement être sans valeur demain. Il peut également être clair que la stratégie de trading qui fonctionne fantastiquement pour la première personne, mais cette stratégie de trading ne fonctionnera pas pour quelqu'un d'autre, car vous êtes un type de trader complètement différent.

C'est pourquoi il est également risqué d'investir (beaucoup) d'argent pour une stratégie de trading de quelqu'un d'autre, car cette stratégie ne tient pas compte de votre propre situation et de vos préférences. Vous pouvez trouver d'innombrables vidéos de daytraders, de traders forex et de crypto traders (censés) avoir réussi, qui partagent avec vous leur stratégie de trading ultime sur YouTube.

Parfois pour beaucoup d'argent, parfois gratuitement. Parfois en tant qu'expert, parfois en tant que hobby. Les conseils gratuits ne sont pas nécessairement pires que les conseils coûteux.

Mais voulez-vous la meilleure stratégie de trading qui vous convienne si bien et qui prenne en compte tout ce que vous voulez mettre dans le trading de crypto et réaliser ? Alors vous devrez y consacrer du temps et de l'énergie vous-même. Et très honnêtement : atteindre le succès sur quelque chose que vous avez construit et inventé vous-même est le meilleur sentiment du monde. Mais quels sont donc les éléments importants d'une stratégie de trading réussie ?

Les éléments clés d'une stratégie commerciale réussie

Nos experts en crypto appliquent généralement ces 6 éléments clés qui, selon nous, s'inscrivent dans une stratégie de trading réussie. Ils fournissent une base solide, ils sont flexibles et ils garantissent un caractère dynamique afin que la stratégie de trading soit et reste durable. Nous allons les énumérer ci-dessous, puis les expliquer brièvement.

1. **Règles de négociation**
2. **Gestion des risques**
3. **Délais de négociation**
4. **Analyse technique (AT)**
5. **Test du dos**
6. **Se réinventer**

N° 1 : Règles de négociation

Les règles de trading sont des règles que vous vous imposez à vous-même. Une stratégie de trading de crypto réussie dépend de la discipline que vous exercez par la suite et du respect ou non de ces règles. Si vous remarquez que vous ne respectez pas vos propres règles, vous courrez un risque accru d'avoir des surprises et des risques qui pourraient s'avérer mauvais. Avec les règles de trading, vous pouvez par exemple penser aux règles suivantes :

En fonction de votre profil de risque (calmez-vous, encore dix secondes de patience), vous pouvez remplir un chiffre à la place du X qui correspond au type de trader que vous êtes.

Plus le risque que vous osez prendre est grand, plus vos gains ou vos pertes peuvent s'avérer importants. Il est toutefois sage de ne pas les laisser dépasser 3% dans le cas des 2 premiers points.

N°2 : Gestion des risques
La gestion du risque (ou votre profil de risque) est, de tous ces éléments, celui qui correspond le mieux au niveau personnel de votre stratégie de trading.

Une personne a une énorme aversion au risque, l'autre au contraire aime les sensations fortes et aime explorer les limites. Une règle de base s'applique : plus vous prenez de risques, plus les profits ou les pertes peuvent être importants. Inversement, moins vous prenez de risques, plus les profits ou les pertes peuvent être faibles.

Investissez-vous uniquement avec un certain pourcentage de votre épargne ? Ou avec la totalité de votre épargne ? Ou avec tout l'argent que vous possédez ? Ou encore, prenez-vous une hypothèque supplémentaire sur votre maison et commencez-vous à négocier avec chaque centime que vous possédez et qui représente une valeur ?

Comme vous le comprendrez, le risque que vous prenez dans chacune des situations mentionnées ci-dessus varie beaucoup.

À chaque transaction, vous devez vous poser la question suivante : Que se passera-t-il si je perds complètement ce dépôt ? Cet argent peut-il me manquer ? Que ferais-je dans ce cas ?

N°3 : Trading Timeframes
Il va sans dire qu'une stratégie doit également correspondre au type de trader que vous êtes. Nous distinguons brièvement trois types de traders différents :

Day trader (_plusieurs transactions par jour)_
Swing trader _(opérations ouvertes pendant plusieurs jours, semaines ou mois)_
Investisseur _(trader à long terme / HODL'er)_

Alors qu'un day trader regarde constamment les chiffres pour repérer chaque changement subtil de prix et chaque opportunité ou menace, un investisseur passera principalement beaucoup de temps à chercher l'ultime opportunité à long terme qui semble prometteuse, puis laissera son investissement tranquille pendant une période plus longue. Le Swing Trader se situe un peu entre les deux.

Un day trader ne prend pas plus ou moins de risques qu'un investisseur, c'est juste une forme beaucoup plus intensive, mais qui, de ce fait, peut aussi rapporter plus. Certains traders optent également pour une stratégie de trading double, qui vise une composante d'investisseur (par exemple HODL sur Bitcoin) et une composante de day trader ou swing trader dans laquelle il y a un trading actif (sur Altcoins par exemple).

Il est donc important de déterminer par vous-même quel type de trader vous êtes et quelles échéances il est important pour vous de suivre.

Pour un day trader par exemple, ces délais sont de 4 heures, 1 heure et 15 minutes, alors que pour un swing trader, ces délais sont de 1 mois, 1 semaine et 1 jour. Mais également, des day traders différents peuvent utiliser des horizons temporels différents. Là encore, c'est très personnel.

N°4 : Analyse technique (AT)
L'élément numéro quatre est étroitement lié au premier, les règles de trading. Dans cet élément, vous déterminerez principalement sur la base de quels

indicateurs, chandeliers, motifs, etc. vous allez prendre
ou vendre vos positions.

**Les questions que vous vous poserez relèvent des
catégories suivantes :**

- **Quels indicateurs doivent donner le feu vert
  avant que je puisse prendre une position ?**
- **Quels indicateurs doivent donner un signal
  négatif avant que je ne vende une position ?**
- **Quelles bougies sont décisives pour moi dans la
  détermination du momentum ?**
- **Dans quelle crypto vais-je investir, ou vais-je
  délibérément l'ignorer ?**

L'analyse technique est également fortement liée au
cinquième élément. Ou peut-être que le cinquième
élément fait simplement partie de l'analyse technique.

#5 : Essais sur le dos
Le back testing est une technique ou une activité dans
laquelle vous pouvez tester comment ces variables se
seraient comportées dans le passé sur la base de
variables que vous avez vous-même définies. Même si
les résultats passés ne sont pas une garantie pour
l'avenir, ils apportent une valeur ajoutée pour
déterminer si vous allez dans la bonne direction avec
certaines règles de trading.

Le backtesting est donc un excellent moyen de concevoir, d'optimiser ou de jeter à la poubelle une stratégie de trading cryptographique conçue.

#6 : Se réinventer

Une fois que vous avez trouvé votre stratégie de trading ultime avec les éléments 1 à 5, il est temps d'en tirer le maximum de bénéfices. Employez donc cette stratégie (dans le cadre de votre profil de risque) aussi souvent que possible afin de maximiser vos bénéfices. En effet, avant que vous ne vous en rendiez compte, votre stratégie est dépassée et vous devez tout recommencer.

C'est pourquoi il y a aussi l'élément numéro 6. Une stratégie qui n'a pas fonctionné dans le passé peut soudainement s'avérer être une mine d'or à l'avenir. Une stratégie qui fonctionne brillamment pour votre voisin ne doit pas forcément fonctionner pour vous. Restez toujours critique vis-à-vis de l'évolution du marché et de ses effets sur votre stratégie. Et osez affiner votre stratégie dans l'intervalle, si possible.

La meilleure métaphore que nous pouvons utiliser pour cela est celle du bûcheron. Vous pouvez couper beaucoup plus d'arbres en tant que bûcheron si vous ne vous contentez pas de couper des arbres toute la journée, mais si vous faites une pause de temps en temps pour vous détendre et rester affûté.

Comment choisir la bonne stratégie de trading ?

Si vous espériez trouver un "truc facile" qui vous permettrait de devenir riche sans vergogne, nous avons malheureusement de mauvaises nouvelles pour vous. Il n'y a pas d'astuce facile, sinon tout le monde le ferait. Bien sûr, vous pouvez toujours tomber par hasard sur une énorme manne ou une évolution heureuse du marché, mais ce serait plus de la chance que de la sagesse.

Une bonne stratégie de trading de crypto est faite sur mesure, et elle est étroitement liée à votre situation personnelle. C'est pourquoi vous ne pouvez pas toujours utiliser les stratégies de trading "parfaites" d'autres traders. Néanmoins, elles ne sont pas complètement inutiles ou inutilisables. Utilisez-les surtout pour vous inspirer. Pour voir comment d'autres ont développé leur stratégie et l'ont ensuite mise en pratique. Apprenez de leurs succès et de leurs erreurs. Et utilisez-les dans votre propre stratégie de trading.

Essais et erreurs. Mettez quelque chose sur papier, commencez, ajustez-le, testez-le, ajustez-le à nouveau, optimisez-le et perfectionnez-le sans cesse. C'est ainsi que vous parviendrez à la bonne stratégie de trading qui vous convient.

Avantages et inconvénients de l'utilisation de stratégies commerciales

Alors que nous préférons normalement résumer un certain nombre d'avantages et d'inconvénients en plusieurs points, nous allons aujourd'hui faire court et simple. Bien sûr, les stratégies de trading présentent des avantages, sinon nous n'aurions jamais commencé à écrire ce livre, mais elles présentent aussi des inconvénients. Nous allons les résumer brièvement pour vous.

Avantages

Le plus grand avantage des stratégies de trading est bien sûr leur structure. Vous savez quand vous devez faire quelque chose, pourquoi vous le faites et ce qui vous attend. Cela vous permet de vous concentrer et d'avoir une direction. Elle garantit que c'est votre cerveau rationnel qui réfléchit, et non vos émotions. En outre, avec un journal de trading, vous vous constituez un historique.

Vous disposez d'une base dans laquelle vous gardez trace des transactions qui se sont avérées fructueuses pour vous, ou non. Et un tel document vaut de l'or pour s'y replonger lorsque vous avez encore des doutes.

Inconvénients

L'élaboration et la mise à jour d'une stratégie de négociation prennent un certain temps.

En dehors de cela, il peut arriver - certainement au début - que vous soyez confronté à une phase que nous appelons "d'incompétence consciente". C'est au cours de cette phase que vous découvrirez à quel point vous ne savez pas encore tout.

Mais rassurez-vous, cette phase aussi passera (assez vite). Et sur la base de nouvelles expériences, vous serez en mesure d'affiner votre propre stratégie de trading de crypto et de la rendre encore meilleure.

Stratégies d'investissement dans les crypto-monnaies

Une bonne stratégie à appliquer pour détenir des bitcoins ou d'autres crypto-monnaies consiste à n'investir que l'argent dont vous n'avez pas besoin à court terme. Le bitcoin par exemple, dans son état actuel, est encore extrêmement volatile, et si vous suivez son cours de près, en ne vous attendant qu'à une croissance, vous risquez de vivre des montagnes russes émotionnelles.

Voici les 5 étapes d'une stratégie d'investissement en crypto-monnaies réussie.

Étape 1 : Décidez du montant que vous souhaitez investir.

La première étape d'un investissement réussi en crypto-monnaies consiste toujours à déterminer le montant de l'investissement. Ce n'est que lorsque vous savez combien vous voulez investir en crypto-monnaies que vous pouvez commencer à élaborer une stratégie appropriée. Par exemple, si vous ne voulez investir qu'un petit montant, il peut être intéressant de choisir les altcoins un peu moins chers sur lesquels vous avez fait suffisamment de recherches. Il est essentiel de comprendre la valeur de la pièce dans le système financier.

Si vous disposez d'un budget plus important, l'investissement en bitcoins, par exemple, peut être une option. Par conséquent, déterminez toujours le montant de l'investissement à l'avance et veillez à ne pas vous en écarter par la suite. Il peut être très tentant d'investir de plus en plus d'économies dans les crypto-monnaies.

Bien que dans certains cas cela puisse être intelligent (par exemple lorsque vous n'avez pas besoin de l'épargne et que vous voyez de belles opportunités d'investissement), il est toujours important de conserver une épargne suffisante en monnaie normale. Ainsi, en cas d'urgence, vous n'aurez pas à commencer immédiatement à vendre des crypto-monnaies pour pouvoir financer les dépenses (imprévues) nécessaires.

Étape 2 : Déterminer votre stratégie d'investissement appropriée

Dans le cadre d'un investissement en crypto-monnaies, de nombreuses stratégies différentes sont imaginables. Par exemple, vous pouvez choisir d'investir à long terme ou à court terme. La stratégie qui vous convient le mieux dépend entièrement de votre situation personnelle. Les facteurs qui peuvent influencer le choix de la stratégie sont, par exemple, la durée pendant laquelle vous souhaitez investir l'argent, le temps que vous souhaitez consacrer vous-même (quotidiennement ou hebdomadairement) à votre crypto-monnaie et le degré de connaissance que vous avez déjà des crypto-monnaies.

Il existe généralement deux stratégies que vous pouvez suivre lorsque vous investissez dans les crypto-monnaies. La première stratégie consiste à conserver les pièces pendant une longue période afin de maximiser les profits. La deuxième stratégie est ce que l'on appelle le day trading, où vous achetez des crypto-monnaies dans le but de les revendre à court terme.

Il existe généralement deux stratégies que vous pouvez suivre lorsque vous investissez dans les crypto-monnaies. La première stratégie consiste à détenir les pièces pendant une période plus longue afin de maximiser les profits. (investissement à long terme) La deuxième stratégie est ce que l'on appelle le day trading, où vous achetez des crypto-monnaies dans le but de les revendre à court terme.

Fixez vos objectifs

Le trading des actions ou des crypto-monnaies est un grand jeu entre les "Bulls" (acheteurs) et les "Bears" (vendeurs). Un groupe parie que le prix va baisser alors que dans le même temps, l'autre groupe parie que le prix va monter. Dans le cadre du Crypto Trading, vous pouvez grossièrement vous fixer deux objectifs :

1. **Accumuler plus de bitcoins :** en échangeant des Altcoins contre des bitcoins, vous vous assurez d'avoir de plus en plus de bitcoins en votre possession. Les personnes qui choisissent cette option sont convaincues que les bitcoins vont devenir beaucoup plus précieux à long terme, et elles veulent donc fixer autant de bitcoins que possible.
2. **Collectionner plus de devises Fiat (comme les Euros, les Dollars et autres) :** En échangeant des Bitcoins ou des Altcoins contre des Euros, par exemple, vous pouvez vous assurer de posséder de plus en plus de Fiat. Ce groupe de personnes utilise les bitcoins comme n'importe quelle autre unité négociable. Ils ne croient donc pas à la valeur sous-jacente, mais trouvent surtout intéressante la volatilité de la pièce.

Long terme ou court terme ?

Les bases du trading et de l'investissement sont simples : achetez des cryptocurrences lorsque leur prix est bas et vendez-les lorsque le prix est élevé. Cela est également appelé "long" en termes de trading.

Vous pouvez aussi le faire exactement dans l'autre sens, vendre vos cryptocurrences lorsque les prix sont élevés et les racheter lorsque le prix a baissé. C'est ce que l'on appelle aussi "Short" en termes de trading.

Toute personne qui commence à trader prendra toujours une position "longue". Vous achetez des crypto-monnaies et les vendez lorsque le prix est plus élevé. Les positions courtes sont principalement utilisées par les traders expérimentés qui utilisent également l'effet de levier. Cependant, nous le déconseillons aux débutants, car cela peut également vous faire perdre votre argent très rapidement.

Étape 3 : Trouvez les pièces dans lesquelles vous souhaitez investir.

Choisir une crypto-monnaie intéressante, surtout au début, est probablement l'une des étapes les plus difficiles. Quand est-il intéressant d'investir dans une monnaie ? Quand faut-il absolument ne pas investir dans une monnaie ? Si vous connaissiez les réponses à ces questions, vous seriez millionnaire en quelques heures. Malheureusement, personne ne connaît la réponse à ces questions avec une certitude absolue et, d'une certaine manière, il s'agit toujours d'un pari. Mais grâce à ce livre, vous avez pu mieux comprendre pourquoi le bitcoin peut être un investissement sûr à long terme et comment vous pouvez perdre votre argent rapidement en participant à un système de pompage et de déversement sans connaissances préalables.

Ainsi, en acquérant suffisamment de connaissances sur les pièces dans lesquelles vous souhaitez investir, vous pouvez effectivement faire une bonne prédiction. Bien sûr, il est toujours intelligent de répartir les opportunités.

Par conséquent, n'investissez jamais dans un seul type de crypto-monnaie, mais répartissez votre dépôt au moins sur 2 à 3 pièces différentes. Bien sûr, il est également vrai que l'acquisition de connaissances reste un processus continu. Il n'est donc pas possible de dire à un moment donné que vous avez une " connaissance suffisante " de vos pièces et de ne plus faire de recherches supplémentaires.

Étape 4 : Le bon moment

Si vous vous documentez depuis un certain temps sur des pièces spécifiques, vous avez probablement déjà une idée du moment idéal d'achat pour vous. Pour déterminer le moment idéal d'achat, il est en tout cas judicieux d'analyser attentivement les prix de ces derniers temps. Souvent, l'évolution des prix de certaines monnaies présente une tendance claire. En outre, il est également important de déterminer le moment de la vente.

Quand vendez-vous enfin les pièces ? Le moment de la vente est différent pour chacun. Il dépend entièrement de la valeur de vente avec laquelle vous seriez satisfait. Bien que le moment de la vente soit différent pour chacun, il est certainement sage de déterminer à l'avance à quelle valeur de prix vous envisagez de vendre votre crypto-monnaie. Bien sûr, personne ne vous obligera en fin de compte à les vendre à cette valeur, mais cela vous donne quelque chose à quoi vous accrocher dans le monde incertain des crypto-monnaies.

Étape 5 : Demandez de l'aide

En particulier lorsque vous commencez à investir dans les crypto-monnaies, il y a beaucoup de choses que vous ne savez pas encore exactement. Bien qu'il y ait une énorme quantité de connaissances à trouver sur Internet, il peut également s'avérer payant de demander l'aide des experts de temps en temps.
De plus en plus de conseillers financiers peuvent fournir d'excellents conseils pour investir dans les crypto-monnaies. Bien sûr, il est important d'être critique lors du choix d'un conseiller financier. Les coûts sont souvent élevés, mais les bons conseillers financiers spécialisés dans les crypto-monnaies ne coûtent rien en pratique. Ils fournissent beaucoup plus de bénéfices que le coût des conseils que vous dépensez.

Chez Stellar Moon Publishing, nous travaillons avec un certain nombre de conseillers qui peuvent vous fournir des conseils appropriés pour élaborer une stratégie rentable pour vos investissements en crypto. Consultez les options de contact à la fin du livre et faites-nous savoir si vous avez besoin d'aide dans votre démarche.

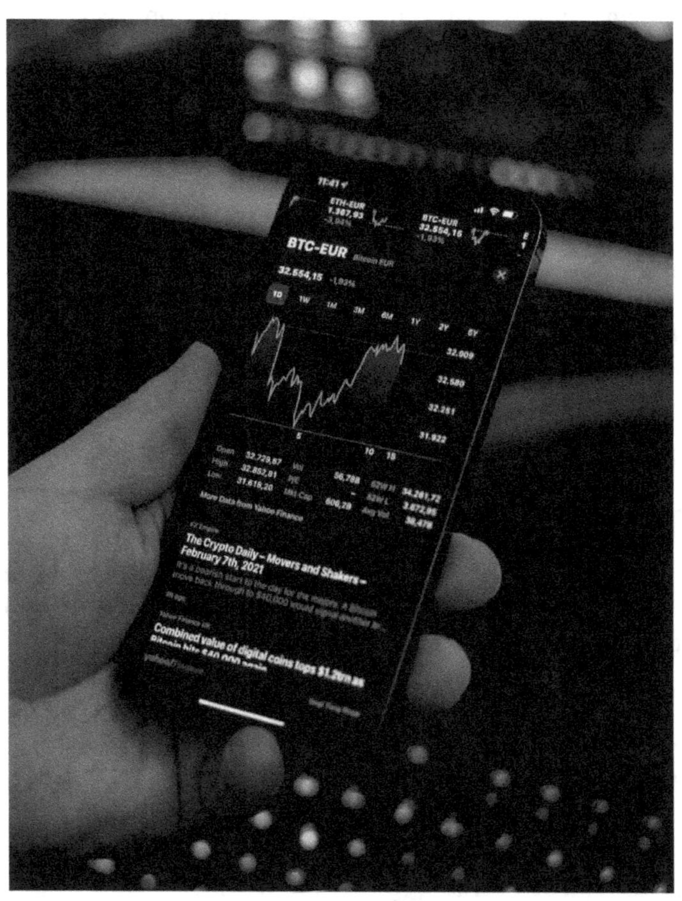

Conseils essentiels pour réussir dans le domaine des crypto-monnaies

Les règles de sécurité sont écrites dans le sang. C'est une déclaration que tout soldat qui sert son pays connaît bien. Bien que nous ne discutions pas ici du risque pour la vie humaine, il est extrêmement gênant de perdre vos précieux bitcoins en raison d'erreurs commises pendant que vous négociez et investissez dans des crypto-monnaies.

Donnez une raison à chaque transaction.

N'entrez qu'une **position commerciale**, c'est-à-dire *un prix auquel vous souhaitez vendre ou acheter votre pièce.*

Si vous savez pourquoi vous voulez vendre ou acheter et que vous avez donc une stratégie claire en tête.

Tous les négociants en crypto-monnaies ne peuvent pas réaliser de bénéfices, car il s'agit d'un jeu à somme nulle (lorsque vous réalisez un bénéfice, quelqu'un d'autre de l'autre côté perd).

Les grands détenteurs de pièces (également appelés "baleines" dans le monde de la cryptographie) dirigent le marché alternatif et le marché des bitcoins - oui, les mêmes "baleines" responsables de l'achat et de la vente de centaines de bitcoins à la fois.

Les baleines attendent patiemment que des petits investisseurs sans méfiance comme nous fassent une erreur de trading.

Même si vous voulez trader tous les jours, il vaut parfois mieux ne rien faire que de se jeter dans l'eau vive et risquer des pertes importantes. Certains jours, c'est en ne faisant rien du tout que l'on gagne le plus d'argent !

Fixez des objectifs clairs et sachez quand vous devez vous arrêter.

Pour chaque **position de trading que** vous souhaitez prendre, vous devez définir un niveau d'objectif de profit précis et, plus important encore, un niveau de stop-loss pour limiter les pertes.

Fixer un objectif stop-loss consiste à déterminer la perte maximale qui peut être acceptée avant de fermer la **position de trading.**

Plusieurs facteurs doivent être pris en compte pour décider d'un niveau de stop loss. La majorité des traders échouent parce qu'ils "tombent amoureux" de leur position, c'est-à-dire que les pièces qu'ils détiennent semblent monter en prix, ou qu'ils s'attendent à ce qu'elles ne s'effondrent pas plus bas, et qu'ils ne veulent pas vendre et prendre le profit/la perte, ou qu'ils tombent amoureux de la crypto-monnaie elle-même.

Ce qui signifie que quoi qu'il arrive, vous choisissez de garder cette pièce pour la vie. "Je suis sûr que ça va changer, que ça va monter et que je vais sortir de cette position avec une perte minimale", se disent-ils. Ils ont permis à leur ego de les diriger.

Par rapport au marché boursier traditionnel, où une volatilité de 2 à 3 % est considérée comme extrême, les transactions en crypto sont beaucoup plus risquées : il n'est pas rare qu'une crypto-monnaie perde 80 % de sa valeur en quelques heures. Et vous ne voulez certainement pas être celui qui s'y accroche !

Soyez conscient de la FOMO

Voici FOMO, qui signifie "Fear of Missing Out" (peur de manquer). Il n'est pas amusant d'être à l'extérieur lorsqu'une pièce de monnaie spécifique est gonflée comme une folle avec des gains énormes en quelques minutes seulement.

Cette longue barre verte vous supplie de l'acheter, en disant : "Vous êtes le seul à ne pas en profiter, alors achetez-moi !". À ce stade, vous remarquerez également que de nombreuses personnes et groupes sur Reddit, Telegram et d'autres plateformes ne peuvent parler que de cette pompe.

Alors, que devons-nous faire ? C'est aussi simple que cela : rester sobre. Il est vrai que le prix peut continuer à augmenter, mais gardez à l'esprit que les baleines (mentionnées ci-dessus) cherchent simplement des petits commerçants à qui vendre leurs cryptocoins.

Qu'ils ont acheté à un coût inférieur. Le prix a augmenté, et il est clair que la pièce n'est plus entre les mains que de quelques petits commerçants. Inutile de dire que lorsque la pièce est écoulée en grande quantité, l'étape suivante est généralement une chute de prix rouge vif.

Évaluation des risques

"Les cochons s'engraissent, les porcs sont abattus." Cette citation raconte l'histoire du profit du point de vue de la réussite. Pour devenir un trader Crypto rentable, vous ne devez jamais rechercher les extrêmes. Vous recherchez de petits profits qui s'ajouteront à un grand.

Le risque doit être géré judicieusement dans l'ensemble de votre portefeuille. Par exemple, vous ne devriez jamais investir plus d'une petite partie de votre portefeuille dans un marché non liquide (très volatile). Nous donnerons à ces positions une plus grande marge de manœuvre, et les niveaux stop et cible seront fixés loin du niveau d'achat.

Les crypto-monnaies sont échangées contre des bitcoins.

Cet actif sous-jacent est à l'origine de la volatilité du marché : la plupart des altcoins sont échangés contre des bitcoins plutôt que contre une monnaie fiduciaire (comme l'euro ou le dollar). Voir aussi : Quelle est la différence entre les crypto-monnaies et la monnaie fiduciaire ?

Le bitcoin est extrêmement volatile par rapport à presque toutes les devises fiduciaires, et ce fait doit être pris en compte, surtout lorsque le prix du bitcoin fluctue de façon spectaculaire.

Il était courant, dans les premières années, que le bitcoin et les altcoins aient une corrélation inverse, ce qui signifie que lorsque le bitcoin augmentait, le prix des altcoins baissait par rapport au bitcoin et vice versa. Cependant, cette corrélation est devenue moins évidente depuis 2018. Dans tous les cas, lorsque le bitcoin est volatil, les conditions de trading deviennent difficiles à déterminer.

Comme nous ne pouvons pas voir loin pendant une période de volatilité, il est préférable de fixer des objectifs rapprochés et des objectifs d'arrêt des pertes - ou de ne pas négocier du tout.

Utilisez vos alt-coins pour le commerce

La majorité des altcoins perdent de la valeur avec le temps. Elles peuvent perdre de la valeur progressivement ou rapidement.

Cependant, le fait que la liste des 20 premières altcoins ait changé de façon aussi spectaculaire ces dernières années en dit long.

Tenez-en compte lorsque vous ajoutez de grandes quantités de monnaies alternatives à votre portefeuille pour le moyen et le long terme, et bien sûr, choisissez-les judicieusement.

Si vous envisagez de détenir des altcoins sur le long terme ou de constituer un portefeuille de crypto à long terme, prêtez une attention particulière au volume d'échange quotidien et effectuez une analyse fondamentale approfondie.

Les altcoins dont la communauté est florissante ont de bonnes chances de survivre à long terme.

ICO, IEO et ventes de jetons

Passons maintenant aux ICO publiques (ou IEO, comme on les appelle maintenant en 2021) : il s'agit de ventes de jetons de cryptomonnaie. De nombreux nouveaux projets choisissent d'organiser une vente à la sauvette (crowd-sale), au cours de laquelle ils offrent aux investisseurs une possibilité précoce d'acheter certains des jetons du projet à un prix inférieur.

L'intérêt pour les investisseurs est que, lorsque le jeton sera mis sur le marché, ils pourront en tirer un profit considérable. De nombreuses ventes de jetons ont été réalisées avec succès ces dernières années, avec des retours sur investissement de 10 fois supérieurs à la moyenne.

L'ICO Augur, par exemple, a offert aux investisseurs un rendement de 15x. Alors, où est le problème ? Tous ces projets ne rapportent pas un bénéfice à leurs bailleurs de fonds. De nombreuses ventes se sont avérées être des arnaques totales. Non seulement elles n'ont pas été échangées du tout, mais certains projets ont disparu avec l'argent, sans jamais être revus ni entendus.

Alors comment savoir si vous devez investir dans une vente de jetons particulière ?

La somme d'argent que le projet souhaite lever est une considération importante. Un projet qui lève trop peu d'argent sera très probablement incapable de développer un produit fonctionnel, tandis qu'un projet qui lève trop d'argent n'aura probablement pas assez d'investisseurs pour acheter les jetons sur le marché. L'aspect le plus crucial est la gestion des risques. Ne mettez jamais tous vos œufs dans le même panier, et évitez de placer une trop grande partie de votre portefeuille dans une seule IEO ou ICO. Elles sont classées comme étant à haut risque.

Commissions

La réalisation de transactions multiples nécessite le paiement d'une commission plus élevée. Il est toujours préférable et moins coûteux pour un teneur de marché de placer un nouvel ordre dans le carnet d'ordres plutôt que d'acheter dans le carnet d'ordres d'une plateforme de négociation.

Ne créez pas de pression

Ne commencez à trader que lorsque vous disposez des meilleures conditions pour prendre les meilleures décisions, et sachez toujours quand et comment arrêter de trader si nécessaire. Le trading commence par une stratégie bien pensée ! Si vous êtes soumis à une forte pression, cela affectera votre capacité à prendre des décisions. Par conséquent, ne vous précipitez jamais.

Fixer les objectifs et les commandes de vente

Fixez vos objectifs en plaçant des ordres de vente. Vous ne savez jamais quand une baleine va gonfler une pièce de monnaie afin d'acheter le stock dans le carnet d'ordres (et payer un prix plus bas du côté des créateurs d'ordres de vente).

Achetez la rumeur, vendez la nouvelle

Lorsque les grandes chaînes d'information publient des nouvelles, c'est généralement le bon moment pour vendre la pièce et non pour l'acheter !

N'oubliez pas la loi de Murphy

Vous avez fait une transaction rentable, mais comme d'habitude, le prix s'envole juste après la vente. Ne cédez pas à la tentation de changer d'emploi. En d'autres termes, ne succombez pas à la **FOMO** (Fear of Missing Out). Tout ira bien tant qu'il y aura des bénéfices.

Ne laissez pas votre ego gouverner vos investissements.

L'objectif est d'obtenir un PROFIT. Ne gaspillez pas vos ressources (temps et argent) en essayant de démontrer que vous auriez dû prendre telle ou telle position. Gardez à l'esprit qu'aucun trader ne prend uniquement des positions gagnantes. La règle générale est que le nombre de transactions gagnantes doit dépasser le nombre de transactions perdues.

Achetez lorsque les prix sont bas

Les marchés baissiers sont parfois les meilleurs moments pour réaliser des bénéfices. Si la monnaie baisse, cela peut signifier que c'est le meilleur moment pour acheter et réaliser des bénéfices au fil du temps. Mais assurez-vous que votre plan est solide pour l'avenir proche et que vous avez une idée de la raison pour laquelle la baisse des prix n'est que temporaire.

Acheteurs et vendeurs

Considérons l'entreprise hypothétique suivante. Les personnes qui croient en cette entreprise achètent autant d'actions qu'elles le peuvent au prix de 10 $.

Toutefois, pour ce faire, il faut aussi qu'il y ait des personnes prêtes à vendre leurs actions à ce prix. Par conséquent, ces personnes sont sceptiques quant à la hausse du prix. Ils ne vendraient pas s'ils le pensaient ! Si un actionnaire souhaite vendre ses actions, il est libre de fixer son propre prix.

Supposons qu'une personne mette ses actions en vente à 12 $ chacune et que d'autres souhaitent les acheter à 10 $. Dans ce cas, les deux parties peuvent se mettre d'accord sur un prix de 11 $ et se retrouver au milieu. Après le premier jour de négociation, le prix de notre magasin de beignets est de 11 dollars par action. À bien des égards, cela reflète la façon dont le marché perçoit notre entreprise.

Ce principe s'applique de manière similaire aux crypto-monnaies.

Si vous êtes un investisseur avisé, vous comprenez que vous ne pouvez pas tout apprendre en regardant simplement le prix actuel. En utilisant les données historiques, vous pouvez estimer le sentiment du marché. Le prix actuel est-il trop élevé ou trop bas ? Quel était le prix au début de la journée l'année dernière ? Y a-t-il eu une baisse de prix au dernier trimestre ?

Systèmes de pompage et de décharge

Ce n'est jamais une bonne idée de suivre sans réfléchir le battage médiatique d'une pièce de monnaie prise au hasard, juste parce que des gens prétendent avoir fait d'énormes profits en une nuit.

Il s'agit généralement d'un schéma "classique" de pompage et de déversement, qui consiste à utiliser l'influence des actualités, des blogs cryptographiques, des youtubeurs et autres influenceurs, des plateformes de médias sociaux telles que Reddit et Facebook pour faire grimper le prix d'une pièce apparemment aléatoire, afin de réaliser des bénéfices massifs avec une pièce cryptographique.

L'idée générale est d'acheter tôt et de vendre la quantité de pièces achetées lorsque le prix est multiplié par 1000.

Il est facile de reconnaître ce schéma car les revendications suivent généralement la tendance suivante :

Le prix de lancement d'un shitcoin aléatoire est de 0,000001 $, avec la prétention que si cette pièce grimpe à 0,001 $, vous ferez environ 1000x le bénéfice.

Ces affirmations concernant des pièces de monnaie aléatoires qui sont sur le point d'éclater sont partout sur Internet ; Tiktok, Instagram, Facebook et Reddit

fourmillent de publicités payées et non payées
concernant des systèmes de pompage et de vidage.

Tout cela signifie simplement que quiconque est dans le
coup peut réaliser des profits considérables, à condition
de convaincre suffisamment de personnes d'adhérer au
battage médiatique.

**Les influenceurs sont payés pour diffuser ces
informations.**

Il peut payer jusqu'à 25 000 dollars par message si vous
êtes un influenceur prêt à promouvoir l'un de ces
programmes. En effet, si vous accumulez un nombre
décent d'adeptes, il y a plus de chances que les gens
adhèrent à ce que vous avez à leur dire.

En tant que consommateur de contenu, et en tant que
personne qui cherche à s'approprier le prochain
engouement, l'esprit critique est votre meilleur atout.

Dogecoin

Le meilleur exemple d'un pompage et d'un déversement avec l'influence des médias sociaux est ce qu'Elon Musk a fait avec le Dogecoin et le Bitcoin, quelques tweets et mentions sur les deux pièces, et comme vous l'avez probablement vu dans les nouvelles récentes, le prix du Bitcoin et du Dogecoin augmente, et il a acheté, en particulier dans le Bitcoin, avant qu'il ne commence la rumeur, il a probablement fait un milliard de profits simplement en le mentionnant dans un tweet, comme il a récemment causé un crash dans le prix du Bitcoin.

Elon Musk est un homme intelligent à cet égard, suivez sa stratégie d'investissement, où il achète une quantité massive de bitcoins, affirmant que sa société Tesla, acceptera désormais les paiements en bitcoins pour les voitures et fait grimper le prix par une marge massive, un sommet historique de plus de 60 000 $.

Et peu de temps après, Elon Musk lâche une bombe en disant à Internet que l'exploitation minière du bitcoin est terrible pour l'environnement, ce qui signifie qu'il a vendu à un prix élevé, regardé le marché s'effondrer et créé un nouveau point d'entrée pour les gens qui veulent acheter.

Il a commencé à tweeter sur le Dogecoin au début du mois d'avril, avec un prix de départ d'environ 0,05 $, et le [16] avril, le prix a atteint un sommet historique de 0,39 $.

Une courte baisse a suivi, la pièce est retombée à 0,19 $ le [23] avril, puis elle a continué à augmenter pour atteindre un nouveau sommet de 0,71 $ le [5] mai, suivi d'une autre baisse, le prix actuel étant de 0,50 $.

Il n'y a pas grand-chose à dire sur l'avenir du Dogecoin car il ressemble à une sorte de blague. Elon Musk a prouvé par le passé qu'il était un grand fan de la culture Internet, et qu'une monnaie comme le Dogecoin, qui régit le marché financier, n'est rien de plus qu'une blague élaborée.

Donc, si vous vous sentez chanceux, vous pouvez acheter du Dogecoin et faire le pari que son prix doublera dans un avenir proche, mais tout succès est entièrement basé sur la chance avec une pièce dont le prix est basé sur la spéculation. Donc, par essence, investir dans certaines crypto-monnaies est un peu un pari.

Une bonne règle à suivre si vous êtes prêt à parier sur les systèmes de pompage et de déversement est d'acheter lorsque les rumeurs commencent et de commencer à vendre lorsque les nouvelles principales arrivent.

Étant donné que le prix augmente rapidement dès qu'une pièce à la mode fait la une des journaux, cela signifie également que beaucoup de personnes qui ont acheté tôt profitent de ce moment pour encaisser, vendre la pièce et en tirer un bénéfice, ce qui entraîne une chute presque immédiate du prix lorsqu'un grand nombre de pièces sont vendues sur l'un des marchés.

Cela signifie que si vous n'avez pas d'informations solides sur le moment où ce dump va se produire, vous êtes condamné à perdre votre mise, si vous êtes en retard. Puisque les crypto-monnaies sont décentralisées, elles sont fondamentalement impossibles à réguler tant que l'information est diffusée et qu'elle suit la tendance.

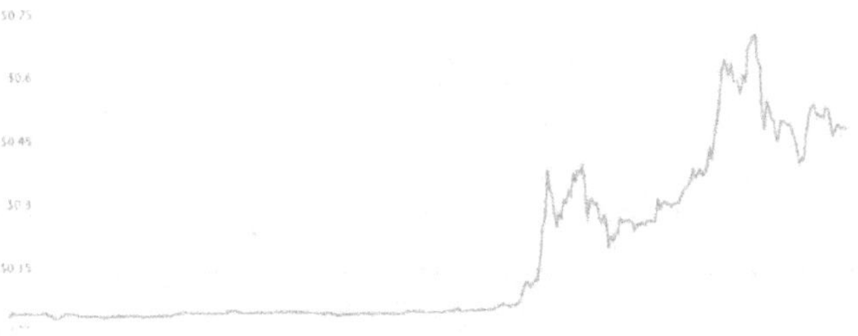

Valeur intrinsèque des crypto-monnaies

N'achetez pas de pièces nouvelles ou relativement inconnues comme investissement à long terme si elles ne présentent aucune valeur intrinsèque.

Un bon conseil serait donc de savoir ce que vous achetez, de savoir s'il s'agit d'un "shitcoin", une arnaque marketing que les gens utilisent pour faire grimper les prix, ou si la pièce a une réelle valeur d'application.

Par exemple, Ripple (XRP) vise à devenir le prochain réseau mondial de paiements pour les institutions financières. Si vous suivez l'actualité autour de Ripple, il est un peu plus facile de prédire l'évolution du cours. Pour l'instant, la société détient une participation de 40 % dans le système de paiements transfrontaliers d'Asie et elle travaille dur pour consolider son avenir en tant qu'instrument financier.

À l'heure actuelle, la création d'une nouvelle pièce prend environ 5 minutes si vous voulez créer un système de pompage et de vidage. La prochaine étape sera le marketing, assurez-vous que les gens sachent que votre pièce sera la prochaine qui les rendra riches et suscitera l'intérêt sur Internet.

Cette pièce doit être une pièce qui n'a pas besoin de preuve de travail comme le Bitcoin, comme expliqué dans le chapitre "**La valeur intrinsèque du Bitcoin**".

Ainsi, si vous souhaitez créer vous-même une pièce de monnaie, faire une copie d'une pièce existante dont l'échange et le lancement ne demandent aucun effort, vous pourrez probablement trouver un tutoriel pour la mettre en place sur YouTube.

Appelez la nouvelle pièce de monnaie avec des mots-clés tels que "safe" ou "going to the moon" (aller sur la lune), comme le tristement célèbre "Safemoon", affirmez qu'elle va exploser et assurez-vous que le plus grand nombre de personnes possible doivent conserver cette pièce car elle les rendra riches. Il est préférable de mettre en place des frais élevés s'ils veulent la vendre.

Publiez un livre blanc sur votre pièce ; un livre blanc est une explication du fonctionnement de la pièce, de la façon de l'acheter et d'autres informations essentielles pour susciter l'intérêt des investisseurs.

Dans le cas d'un système de pompage et de déversement, il s'agirait idéalement d'un document réclamant des frais de transaction qui seraient versés aux détenteurs de pièces. L'idée derrière ces frais de transaction versés aux autres détenteurs de pièces est de créer un sentiment de sécurité pour les investisseurs potentiels.

Si une nouvelle personne achète des pièces et qu'elle incite ses amis à en faire autant, tout le monde semble profiter d'un tel système. Ils veulent créer l'illusion que si le plus grand nombre de personnes possible achète cette pièce, tout le monde s'enrichit.

Toutefois, pour que cela soit possible, il est essentiel que la pièce ait une valeur intrinsèque. Si vous devez acheter et conserver la pièce pour qu'elle prenne de la valeur, il sera décourageant de la vendre pour des dollars car, par essence, son prix chuterait.

Et pour faire simple, c'est un système mort si la valeur doit provenir de personnes qui doivent acheter. Ce système indique seulement qu'une fois qu'un nombre suffisant de personnes ont acheté, les propriétaires et les grands détenteurs de pièces peuvent vendre, faire chuter la valeur de la pièce pendant que les autres personnes qui ne sont pas présentes au moment de la vente subissent une perte.

Pour donner un exemple ;

Si la personne A achète 10 pièces et que les frais de transaction sont de 10 %, 1 pièce de ces pièces est répartie entre les autres détenteurs de pièces, donc s'il y a 10 détenteurs de pièces à ce moment-là, tous recevront 0,1 pièce de cette transaction.

De nombreuses pièces de monnaie frauduleuses dont on fait la promotion en ce moment se vantent d'un système similaire à celui expliqué dans l'exemple, promettant que leur valeur explosera si suffisamment de personnes achètent et que tout le monde reçoit une part lorsque quelqu'un achète.

Si vous aviez prêté attention et lu entre les lignes, vous en auriez conclu qu'il s'agit de l'équivalent en crypto-monnaies d'un système pyramidal.

Safemoon et Shiba Inu : des projets d'escroquerie ?

Pour ceux d'entre nous qui suivent le marché des crypto-monnaies depuis un certain temps, nous savons que le bull run de 2017 et 2018 a été accompagné d'une flopée de pièces de monnaie qui étaient non seulement aussi volatiles que le bitcoin, mais aussi aussi volatiles que le jour où le bitcoin s'est effondré.

Ces projets d'escroquerie, ou shitcoins comme certains les appellent, donnent une mauvaise réputation à la crypto, mais il semble que ce soit une bonne partie de l'industrie en tant que nouvelle technologie. Avec tout le battage médiatique autour du Bitcoin et de l'Ether, nous devons garder à l'esprit qu'une variété de pièces plus petites vont également prendre de la valeur.

Comme nous l'avons expliqué précédemment, les systèmes de pompage et de déversement, comme le tristement célèbre Safemoon, sont essentiellement l'équivalent en crypto-monnaies d'un système pyramidal.

Avec la montée rapide de la pièce Shiba, beaucoup de gens se demandent si un crash est imminent. Comme Binance l'a annoncé plus tôt récemment, les portefeuilles n°1, n°2 et n°5 contiennent respectivement 50,5 %, 7,0 % et 3,0 % de l'offre totale, ce qui serait normalement extrêmement inquiétant, mais dans ce cas, c'est une histoire encore plus étrange.

Les développeurs de Shiba Inu ont envoyé 50 % de leurs jetons au fondateur d'Ether, Vitalik Buterin, lors du lancement.

Nous sommes un peu positifs au sujet de la pièce Shiba pour le moment, mais il semble qu'en raison du faux sentiment de sécurité, une situation est créée avec un faible seuil pour risquer votre argent.

Nous prévoyons que cette pièce sera également très volatile et qu'elle aura probablement un avenir parmi les milliers de projets de pompage et de vidage.

Binance a également inscrit SHIB dans sa zone d'innovation, rendant possible l'achat de Shiba Inu par l'intermédiaire de la bourse (ce qui ne peut se faire qu'après avoir rempli un questionnaire).

Cependant, Safemoon compte actuellement plus de 1,9 million d'utilisateurs, mais Binance refuse de l'écouter. Alors que le PDG Changpeng Zhao a précédemment déclaré que lorsqu'un projet a un grand nombre d'utilisateurs, ils l'écouteront. Les utilisateurs de Safemoon sont plus nombreux que ceux de Shiba, et Safemoon a également fourni un nombre record de transactions sur la Smart Chain de Binance.

$0.00004
$0.000032
$0.000024
$0.000016
$0.000008

La valeur intrinsèque du bitcoin

Le bitcoin a une valeur intrinsèque dans sa transaction. Une transaction Bitcoin est un calcul, et ce calcul donne lieu à une récompense, un bloc, un Bitcoin, d'où le nom de blockchain. Puisque chaque transaction Bitcoin est un calcul qui consiste en tous les autres calculs (consistant en des transactions précédentes) menant à la transaction.

Ainsi, depuis que le bitcoin est utilisé depuis 2009, ces innombrables transactions ont conduit au point où il faut une immense puissance de calcul pour effectuer une transaction. L'exécution de ces calculs s'appelle le minage, et c'est une activité où le minage de Bitcoin nécessite plus d'électricité qu'un petit pays à ce jour.

Pour que le bitcoin s'effondre complètement, il faudrait que les gens cessent de l'échanger à un moment où une transaction coûterait trop cher à calculer. Ce principe garantit donc l'avenir à long terme du bitcoin tant que les gens l'utilisent pour faire du commerce.

En outre, le bitcoin a été la monnaie fondamentale du marché noir, car les propriétaires de bitcoins ne peuvent pas être suivis grâce à des données personnelles comme celles d'un compte bancaire, et le bitcoin peut donc être utilisé pour acheter n'importe quoi en dehors de la loi.

Aucune banque ou institution financière ne détient les détails des comptes et les informations personnelles des propriétaires de bitcoins. Et si vous souhaitez préserver la confidentialité de la quantité de bitcoins que vous possédez, il est conseillé de les conserver dans un portefeuille physique tel que le Trezor One.

Par conséquent, pour que vos transactions restent aussi hors réseau que possible, assurez-vous d'utiliser un moyen anonyme d'acheter vos bitcoins et évitez les plateformes d'échange qui exigent des données personnelles pour les utiliser.

Confidentialité des transactions en bitcoins

Les plateformes d'échange de bitcoins peuvent exiger l'accès à des données personnelles pour pouvoir utiliser cette plateforme, d'autant plus que certains gouvernements veulent suivre ces transactions.

La plateforme Binance fait actuellement l'objet d'une enquête pour fraude fiscale et blanchiment d'argent de la part du gouvernement américain, uniquement parce que ce dernier veut savoir qui négocie et qui possède quoi sur ces plateformes.

Ils ont même proposé aux plateformes de payer pour obtenir des données personnelles, et même si de nombreuses plateformes de trading de crypto prétendent avoir une parfaite confidentialité des clients, ce ne serait pas la première fois, qu'ils vendent des données personnelles à des tiers. Il y a même des rumeurs selon lesquelles certaines plateformes se vendent au gouvernement, mais rien ne peut être dit avec certitude.

Bitcoin a été construit pour décentraliser la valeur. D'après ce que le passé peut nous apprendre, l'argent dirige le monde, et si vous contrôlez de grandes quantités d'argent, vous avez un pouvoir presque infini.

Une autre règle est également vraie, à savoir que l'argent corrompt indéfiniment. L'argent a été la cause de la cupidité, de l'égoïsme et de la pauvreté dans le monde entier et il est entre les mains d'un très petit pourcentage de personnes.

Le bitcoin peut être utilisé pour déstabiliser la réserve de valeur mondiale si suffisamment de personnes y adhèrent. Le système bancaire classique repose sur l'inflation dans le système économique actuel et si suffisamment d'argent afflue sur le marché des crypto-monnaies, cela déstabilisera l'inflation de l'argent ordinaire.

Les banques utilisent l'argent que les gens stockent pour investir dans ce qu'elles jugent rentable ; elles ont également utilisé une bonne partie de cette valeur pour créer des prêts tels que des hypothèques.
Mais à ce stade, ils doivent continuer à imprimer de l'argent pour faire fonctionner le système, car plus de prêts signifie moins de valeur réelle de l'argent. Et si vous mettez la valeur à côté du flux d'argent mondial actuel, c'est une bulle de crédit géante prête à exploser.

Pourquoi le bitcoin est un investissement solide à long terme

Cette bulle de crédit illustre pourquoi le bitcoin est un investissement solide pour le long terme. Si l'on considère la valeur totale des échanges de bitcoins en dollars à l'heure actuelle, l'ensemble du marché des bitcoins est évalué à la somme stupéfiante de 846 019 261 238,40 $, soit 846 milliards de dollars.

Ainsi, le bitcoin a atteint une valeur de près de 1 000 milliards de dollars, et il est sur le point de dépasser le dollar, qui compte environ 1 200 milliards de dollars dans le monde.

Pour mettre le marché des crypto-monnaies en perspective, la capitalisation totale du marché est évaluée à 2,2 trillions de dollars.

Il faut savoir que le minage des bitcoins deviendra exponentiellement plus difficile, nécessitant plus de puissance de traitement et plus d'électricité au fil du temps, tant que les bitcoins seront utilisés. Un autre fait important pour la valeur du bitcoin est que la quantité de bitcoins est limitée, ce qui signifie qu'à un moment donné, le dernier bitcoin sera extrait, et on estime actuellement que cela prendra plus de 100 ans.

Cela signifie que le prix du bitcoin est loin d'être celui qu'il sera dans 20 ans ou plus et, compte tenu du taux d'inflation actuel, c'est une réserve de valeur extrêmement souhaitable à long terme.

C'est un fait que le dollar va continuer à gonfler, il semble qu'il faille qu'il s'effondre à un moment ou à un autre, car à un moment ou à un autre, il rendra simplement les prix déraisonnablement élevés, rendant le dollar de plus en plus sans valeur au fil du temps.

Vous pouvez en voir la preuve dans les prix des matériaux bruts tels que le bois en ce moment. Ces prix sont très élevés, et ils commencent lentement à déstabiliser le marché du logement.
La cause de cette situation réside dans le fait que Donald Trump a augmenté massivement les droits de douane sur les importations de bois en provenance de Chine en 2020, créant ainsi une situation dans laquelle les États-Unis achètent tout le bois en provenance d'Europe, ce qui entraîne une hausse considérable des prix.

De ce fait, la rénovation, la construction de nouveaux logements et d'autres projets nécessitant de grandes quantités de bois deviennent beaucoup plus chers, au point d'influencer les prix sur le marché de l'immobilier en ce moment.

Les maisons n'ont jamais été aussi chères en Europe, au point que cela commence à poser des problèmes sur d'autres marchés.

Cela signifie que les banques doivent accorder un prêt beaucoup plus important pour une maison plus petite qu'il y a dix ans, ce qui ne fera que contribuer à l'élargissement de la bulle du crédit et de ses effets sur tous les aspects de l'économie.

En outre, en raison d'une multitude de problèmes financiers complexes, il y a une inflation à venir où le bitcoin peut être la solution pour maintenir la valeur de votre capital en bonne santé.

La pénurie actuelle de puces

Le plus grand facteur contribuant à la réserve de valeur du bitcoin est la pénurie de puces. Le bitcoin est l'un des facteurs de l'augmentation de la valeur des puces et la demande accrue entraîne une hausse des prix et une pénurie.

L'une des spéculations est qu'Elon Musk a provoqué ce crash car la pénurie de puces affecte également la production des voitures Tesla. Donc, perturber le prix du marché du Bitcoin, perturber le marché des équipements de minage du Bitcoin, cela pourrait potentiellement créer un peu d'espace sur le marché des puces.

Un espace indispensable pour d'autres fabricants qui, d'une manière ou d'une autre, utilisent des puces et des semi-conducteurs.

Mais la certitude demeure que la difficulté de l'extraction de bitcoins augmentera tant que le commerce de bitcoins existera, exigeant davantage du marché des puces et faisant grimper les prix des équipements nécessaires à l'extraction de bitcoins.

L'informatique quantique n'aura pas d'impact sur le minage du bitcoin

En termes simples, des études récentes, réalisées par Louis Tessler et Tim Byrnes, ont montré que l'informatique quantique ne peut pas effectuer le minage de Bitcoin plus efficacement que les méthodes actuelles de minage de Bitcoin. Par conséquent, la preuve de travail du minage de Bitcoin a un avenir très stable dans l'environnement informatique actuel, sans aucune menace qui rendrait la preuve de travail du minage de Bitcoin obsolète.

En conclusion, et en tenant compte de tous ces différents facteurs, il peut être très judicieux, pour faire fructifier un capital à long terme, d'investir une somme mensuelle en bitcoins, que vous auriez normalement épargnée sur une banque ordinaire.

Ordre de fermeture du Sichuan

Les pourcentages de hachage de certains des plus grands pools miniers de Bitcoin en Chine sont tombés à 37 % après que le Sichuan a ordonné aux sociétés d'énergie de cesser de fournir de l'électricité aux sociétés minières de la province.

La nouvelle de l'ordonnance de cessation et d'abstention a été annoncée hier à l'issue d'une réunion entre le Bureau des sciences et des technologies du pays et le Bureau de l'énergie du Sichuan Ya'an. Les compagnies d'électricité ont eu jusqu'au dimanche 20 juin (heure de Pékin) pour couper le courant.

Les pools miniers chinois font partie intégrante de l'écosystème mondial des crypto-monnaies, et bon nombre des mineurs de ces pools tirent parti de l'abondante énergie hydraulique du Sichuan. Les pools miniers sont des collectifs d'extraction de crypto-monnaies qui partagent leur puissance de calcul pour extraire des crypto-monnaies.

L'ordonnance de cesser et de s'abstenir émise à l'intention des compagnies d'électricité a identifié 26 bassins miniers dans la province du Sichuan.

"Molly", responsable du marketing de la société de blockchain chinoise Hashkey Hub, a tweeté que le taux de hachage "a déjà baissé de manière significative" après que le gouvernement du Sichuan a annoncé qu'il allait couper l'électricité aux sociétés de minage de bitcoins.

Les hashrates des pools miniers sont en chute libre. Depuis le tweet de Molly, les hashrates de certains pools miniers ont encore baissé. Les hashrates de la meilleure ferme minière AntPool ont chuté de 27,53 %, tandis que le hashrate de BTC.com a baissé de 18,34 % et celui de Huobi.pool de 36,79 %.

La Chine a sévi contre les crypto-monnaies au cours des derniers mois. Cela a eu un effet d'entraînement sur le prix mondial des crypto. Le pire crash du bitcoin en 12 ans s'est aggravé le mois dernier lorsque les associations de paiement ont réitéré leur soutien à l'interdiction des transactions en crypto-monnaies en 2017.

La cible suivante de l'État était les opérations minières. Le 9 juin, la province du Xinjiang a ordonné la fermeture de plusieurs mineurs de crypto-monnaies. Dans l'avis, le Xinjiang a cité les "Mesures pour l'examen de la conservation de l'énergie des projets d'investissement en actifs fixes" - un bout de réglementation publié pour la première fois en 2016.

Les mesures de répression massives prises par le pays à l'encontre de monnaies comme le bitcoin et l'ethereum, qui sont difficiles à réglementer, ouvrent la voie à la monnaie soutenue par la banque centrale de l'État : le yuan numérique. La Chine teste actuellement cette monnaie, qui, depuis hier, peut être convertie en monnaie fiduciaire pour un montant supérieur à XNUMX millions de dollars dans 3 000 distributeurs automatiques à Pékin.

Compte tenu de la profonde influence de la Chine sur les cryptomonnaies et la valeur du marché, la chute d'aujourd'hui pourrait sérieusement remodeler l'industrie minière du bitcoin telle que nous la connaissons.

Conclusion

Vous devriez maintenant avoir une bonne idée de la façon de procéder à votre propre évaluation des risques lorsqu'il s'agit d'investir dans les crypto-monnaies. Et, avant de commencer, assurez-vous d'avoir un plan, de faire vos recherches et d'être impatient de connaître la valeur de la pièce dans laquelle vous souhaitez investir.

L'une des règles les plus importantes en matière d'investissement est de s'informer sur le battage médiatique avant de commencer. Au lieu de payer pour le profit de quelqu'un d'autre avec le prochain système de pompage et de déversement, assurez-vous que votre investissement est calculé.

Et, si vous voulez réaliser d'énormes profits avec le day trading, en tirant de l'argent réel des systèmes de pompage et de déversement mentionnés précédemment, assurez-vous d'obtenir une source d'information fiable. Il existe de nombreux groupes d'investissement gratuits et payants qui peuvent vous fournir des informations solides sur les pièces ayant un fort potentiel de trading à court terme.

Si vous aimez le son d'une approche à haut risque et à haute récompense des cryptocurrences, le trading des Futures de Binance pourrait être une option.

Faites-nous savoir ce que vous pensez de ce livre et, s'il s'est avéré utile, laissez-nous un commentaire afin que d'autres puissent en bénéficier également.

Merci d'avoir lu notre livre, et bonne chance pour vos futurs investissements !

139

Votre livre GRATUIT

Si vous voulez faire un début profitable dans le monde des crypto-monnaies, assurez-vous de télécharger notre bonus gratuit avec **12 conseils extrêmement précieux pour les débutants !**

Avec ce livre et ces conseils, vous êtes assuré de prendre un bon départ dans vos futurs investissements !

Inscrivez-vous ici pour obtenir un accès instantané et lancer votre succès en crypto :

https://campsite.bio/stellarmoonpublishing

ESSENTIAL
TRADING TIPS
2021-2022
12 VALUABLE
TRADING TIPS
FOR BEGINNERS

Nos livres

Consultez notre autre livre pour en savoir plus sur les NFT, le trading et la vente de NFT, comment faire des bénéfices et les conseils et stratégies essentiels pour un démarrage sans faille dans l'univers des NFT.

Rejoignez le cercle exclusif d'édition Stellar Moon, vous obtiendrez un accès instantané à **12 astuces Crypto extrêmement précieuses** !

En outre, vous bénéficierez d'un accès instantané à notre liste de diffusion avec des mises à jour de nos experts chaque semaine !

Inscrivez-vous ici dès aujourd'hui :

Notre cours Crypto Expert Trading

Vous cherchez une nouvelle façon d'investir ?

Vous cherchez à gagner de l'argent ?

Vous souhaitez investir mais ne savez pas par où commencer ?

Vous voulez commencer votre trading de crypto avec les connaissances d'experts réputés en finance et en investissement ?

Le cours Expert Trading crypto est le cours le plus complet sur le trading et l'investissement avec les crypto-monnaies. Vous apprendrez à trader en seulement quelques minutes par jour. Nous vous enseignons tout, de l'analyse technique à la gestion des risques, et bien plus encore.

Notre objectif est de vous aider à devenir un trader performant afin d'assurer votre avenir financier.

Investir n'a jamais été aussi facile grâce à notre plan d'action étape par étape qui enseigne aux débutants comment trader comme un expert - avec la possibilité de réaliser d'énormes profits !

La meilleure partie de ce cours est enseignée par des experts. Alors, qu'attendez-vous ? Commencez dès aujourd'hui !

Pour plus d'informations, consultez ce lien :

https://payhip.com/b/ork8N